BCG

BCGが読む

Boston Consulting Group

経営の論点2022

ボストン コンサルティング グループ＝編

日本経済新聞出版

はじめに

コロナ禍で経済の構造変化が進む

2022年は、企業経営において、ウィズコロナの面は残りながらも、アフターコロナの次の数年を見通してさらなる進化を実現させる年となる。本書では、コロナ禍のもとで企業経営を牽引するビジネスリーダーの皆さまに、進展する構造変化の本質と、企業経営が目指す方向性を提示させていただきたい。

新型コロナウイルスの感染状況は、依然、予断を許さない状況にある。そのなかで、医療従事者の皆さまをはじめとする多くの方々の献身的な努力により、私たちの社会活動は苦難を乗り越えながら前に進んでいる。企業活動は社会活動の一部であり、社会活動の維持と前進は、企業経営の進化の基盤である。社会を支える多くの方々のご尽力に改めて感謝しつつ、企業経営も大きな変化のなかで前に進む必要がある。

今、多くのビジネスリーダーが感じている変化は、コロナ禍の一時的な影響としてではなく、コロナ禍を契機に加速する経済の構造変化として捉えるべきだ。AIなどの技術革新、米中の政治・経済摩擦に代表される地政学リスクの増大、異常気象が連続するなかでのサステナビリティへの要請強化──従前からの変化のうねりに、コロナ禍が加わった。それを受け、私たちは、今後数年の経営環境に大きく影響を与える2つの構造変化、「ニューノーマル時代の到来」と「経済活動の前提の地殻変動的揺らぎ」が決定づけられたと考える。そして、この変化は地球規模のものであり、グローバル市場に存在するすべての企業が直面するものだ。

構造変化に対応するため、企業が実現すべき進化は、対症療法的で漸進的なものにとどまらず、非連続のジャンプとなる。グローバル市場では、日本企業を含む多くの企業がこの点に気づき、動きを加速しつつある。今、企業が実現するジャンプの方向性と大きさいかんで、今後10年間のグローバル市場における日本企業の競争力が決定づけられるといっても過言ではないだろう。

不透明さが増すなかで、企業進化を成功させるカギ

構造変化は複雑性を増し、またそれぞれの企業が置かれている状況も千差万別であり、企業が実現するジャンプに唯一の答えは存在し得ない。ここでのジャンプの成功において、各企業の経営ならびに現場で、ビジネスリーダーが果たす役割が従来以上

に大きくなっている。ビジネスリーダーが変化の潮流を捉え、構造変化の本質を見極め、自社の状況を踏まえ、ビジョンと実行力をもってジャンプを牽引することが、企業変革を成功させるカギだ。

今、ビジネスリーダーに求められる第一は、コロナ禍とその水面下で起こっている事業環境の変化を正しく理解することだ。ビジネスリーダーは、10年単位で起こっている変化をしっかりと認識することで「なぜ」企業変革が必要なのかを理解し、変革への思いを確固たるものにし、周囲と共有することができる。

第二に必要なことは、事業環境の変化によって、企業経営の「何が」構造変化をしているのかの本質を捉えることだ。ビジネスリーダーには、日々、多くの企業のさまざまな動きが飛び込んでくる。そのなかで、構造変化の本質を理解することにより、必要なジャンプの方向性を的確に定めることができる。

第三に大切なことは、幅広い業界の多様な事例から、「どのように」企業変革を実現するかを学ぶことだ。デジタル化の進展は業界の垣根を低くし、競争優位性を構築するうえで異業種の競争・協業が重要になってきた。今進んでいる構造変化により、業種の垣根はますます低くなる。そのなかでビジネスリーダーは、多様な業界の動きを知ることで自社の企業変革アクションについて洞察を得られる。

本書の構成

本書はこうした問題意識に基づき、コロナ禍を契機に加速する経済の構造変化を踏まえ、ビジネスリーダーが取るべきアクションを次の通り明らかにしていく。

第1章の「2022年以降の世界を読み解く2つのポイント」では、コロナ禍のもと、ビジネスリーダーが認識すべき事業環境の変化として、次の2つを概観する。

・ニューノーマル時代の到来
・経済活動の前提の地殻変動的揺らぎ

前者では、ニューノーマルを形成する「人々の行動様式・価値観の変容」と「デジタルトランスフォーメーション（DX）の加速化」について考察する。また、後者においては、地殻変動的揺らぎとして、「カーボンニュートラルへの対応」「地政学リスクが高まる時代の再到来」「中間層の地位の不安定化」の3つを取り上げる。

第2章の「日本企業がとるべき戦略的アクション」では、まず、企業経営の構造変化の本質として次の4つのパラダイムシフトが発生していることを論じる。

・企業目標：「財務的な利益の実現」から「社会的な利益の追求」へ
・戦略策定：「先を読む」から「先が読めないことを前提にした経営」へ
・組織：「決めたことを実現する」集団から「付加価値を追求する」集団へ
・人材マネジメント：「企業に即した人材マネジメント」から「変化に対応する人材マネジメント」へ

そのうえで、2022年に経営リーダーに特に求められる戦略的なアクションとして次の5つを提示する。

・企業が目指すべき方向を再定義する
・不透明への耐性を高める
・シナリオの構想力を高める
・環境変化への対応力を高めるためにデジタル基盤を強化する
・従業員のエンゲージメントを高める

第3章から第11章では、9つの業界において、第1章・第2章で論じた変化と必要なアクションを踏まえ、今、何が起ころうとしているのか、ボストンコンサルティンググループ（BCG）の各業界のエキスパートが先進知見を述べる。

・製造業（産業財）、製造業（消費財）、小売、通信、金融（銀行・保険）、エネルギー、自動車、ヘルスケア、プライベート・エクイティ

ここでは、業界ごとに、進展する構造変化、それらへの対応策、そしてビジネスリーダーがとるべきアクションを論じる。業界の垣根が低くなった今、ビジネスリーダーは、自社が所属する業界だけでなく幅広い業界の動きを知ることで、自らが発揮すべき変革リーダーシップに関する洞察が得られるはずだ。

以上、本書の目的と内容を概観した。コロナ禍は多くの企業に大きなチャレンジを投げかけるが、同時に競争力強化のチャンスももたらしている。本書を通じ、ビジネスリーダーの皆さまが、進展する経済の構造変化の本質を理解し、改革の方向性を定

め、実行を力強く牽引することにつなげていただければ幸いである。

ボストン コンサルティング グループ
マネージング・ディレクター&シニア・パートナー　東海林一

BCGが読む
Boston Consulting Group
経営の論点2022

Contents

Part. 1

2022年のパラダイムシフト

Part. 2

業界別・2022年の論点

Part 1

2022年のパラダイムシフト

2022年以降の世界を読み解く2つのポイント

Chapter.

1

Introduction 1

新型コロナウイルスの感染拡大は、いまだ予断を許さない状況にあるが、2022年はウィズコロナの面は残りながらも、アフターコロナの次の数年を見越して前向きな準備をしていく年と考えるのがよさそうだ。

コロナ禍において、今後数年の経営環境に大きく影響を与える2つの方向性——「ニューノーマル時代の到来」「経済活動の前提の地殻変動的揺らぎ」——が決定づけられた。本章では、アフターコロナの状況を読み、対応を考えるために不可欠となるこの2つのポイントについて概観したい。

Author

内田有希昌
BCG日本共同代表
Uchida, Yukimasa

東京大学文学部卒業。カーネギーメロン大学経営学修士(MBA)。株式会社三和銀行(現三菱UFJフィナンシャル・グループ)を経て現在に至る。BCGジャパンのオフィス・アドミニストレーター(統括責任者)などを務めたのち現職。共著書に『デジタル革命時代における銀行経営』(金融財政事情研究会)、日経ムック『BCGカーボンニュートラル経営戦略』(日本経済新聞出版)、『BCGカーボンニュートラル実践経営』(日経BP)。

ウィズコロナからアフターコロナへ

コロナ禍の状況はいつ収束を迎え、いつ通常の経済・社会活動に戻れるのか。企業経営において最も気になるポイントであるが、本書を執筆している段階ではこれらを正確に予測することは難しい。感染拡大が始まった当初は、収束までの1～2年は我慢の期間になるが、2021年には出口が見えるだろう、という見方が大勢を占めていたが、なぜ多くの識者の想定を上回る長期戦を強いられているのだろうか。

まず、予想はされていたものの、次々に変異株が現れた。デルタ型のようにことに強力な株も出現し、各地で感染の波が繰り返された。

次に、切り札とされていたワクチンについても、いくつかの課題が次第に顕在化していった。かつては有効なワクチンの開発に成功しさえすれば接種が進み、感染拡大を克服できると単純に考えられがちだった。だが、ワクチンの開発は必要条件にすぎず、加えて十分な量が生産されて接種現場までワクチンがしっかりと届けられ、かつ接種する体制を構築できる、という一連の条件がそろわなければならないことがわかってきた。さらに、ワクチンを打てる条件が整えば人々は積極的に接種し、接種率が十分に高まることで集団免疫を獲得しうる、という想定があったが、ワクチン接種に慎重な人も多く、手を尽くしても一定以上接種率が高まらないプラトー状態も見られる。そのプラトー状態も、工夫しないと接種率が70％台にとどまり、集団免疫を得られないと危惧する専門家も多い。ワクチンの接種が進み、コロナが早々に収束するという想定には落とし穴が多いことが明らかになっている。

一方、有効な治療法が確立され、感染の広がりを過度に恐れなくてよくなるという見方もあったが、新型コロナ感染症の実態把握は困難で、有効な治療法が確立・普及するには時間を要するであろうことが見えてきている。

さらに、このウイルスは、ひとたび感染拡大が収束すればその地域はその後安全を維持できるという類のものではないことも明確になった。地球のどこかで感染が猛威を振るっていると、新たに強力な変異株が発生して短期間で全世界に広がり、収束に向かっていた地域も感染再拡大に見舞われるという現象も出てきた。デルタ株による第5波は、この怖さを顕在化させた。

こう振り返ると、コロナウイルスは全世界的に克服しなければ完全な収束とは言い切れず、先進国だけが先に解決できるものではない極めて難度の高い課題で、コロナ禍の終焉は遠いように思えてしまう。しかし、解決に向けた日々の努力、ワクチン接種の進展など、対応は着実に積み上がっている。過度に悲観的になるのも行き過ぎだろう。

実際、現段階では2021年中に収束すると考える楽観派は少数だが、2022年についてはいまだウィズコロナ状態でありながらも収束が視野に入ってくる、という見方も多い。確証はないが、必要以上に悲観的に考えて足元の状況に一喜一憂するのではなく、2022年はウィズコロナの面は残りながらもアフターコロナに向かっていく年、次の数年を見越して前向きな準備をしていく年と考えるのがよさそうである。

コロナ期に水面化で起こっていたこと

では、アフターコロナ期はどのような状況になると予想され、企業はそれにどのように対応すべきなのか。2020年から2021年にかけて、私たちは日夜、目の前の状況への対応に追われ、水面下で起きていることやその意味合い、さらにその後の状況について深く冷静に考える余裕はなかった。しかし、このアンダーコロナのなかで、これから数年の経営環境に大きく影響を与える2つの方向性が決定づけられたと筆者らは考える。その方向性をしっかりと把握することが、アフターコロナの状況を読み、対応を考えるために不可欠となる。

方向性の1つは、アフターコロナ期においては私たちがコロナ前にノーマルと考えていた状態に完全に戻ることはなく、ニューノーマルというべき状態が訪れるということである。コロナの前と後には、いくつかの断層が生まれるであろうことが見えているが、企業視点で重要なのは、人々の行動様式・価値観が変容したこと、企業・社会のデジタルトランスフォーメーション（DX）がこれまでとは違う次元で加速化し始めたことの2点である。詳細は後述するが、この断層を理解してうまく変化に適応しながら企業変革や事業創造の機会を考えていくことが大切である。

もう1つの方向性は、長らく私たちが無意識に前提としてきた、資本主義経済の大前提のいくつかで、揺らぎが決定的になったことである。

1つ目は、今後も環境問題には相応の注意を払いつつも、CO_2の排出に関してはそれほど神経質にはならずに、大量生産・大量消費をベースに、成長・拡大を伴う経済活動をしていけるという前提である。2つ目は、世界の国々が経済的に相互依存を強めていくなかで国境の存在は徐々に薄れ、世界が一体化していくという前提。3つ目が、経済成長により世の中が豊かになり、多くの人々は恩恵を得て、社会はより連帯感を強めていけるという前提だ。

後述する通りこれらの前提は大きく揺らいでいる。この経済活動の大前提の揺らぎ、極端にいえば3つの地殻変動がアンダーコロナ期に鮮明化し、臨界点を超えたと考えられる。

ニューノーマル時代の到来は大きな断層ではあることは確かだが、漸進的な変化ではあり、いつか起きるべきことがコロナを契機に前倒しで起こったといえる。よって、準備はできていなかったかもしれないが、想像できなかったことではない。しかし、経済活動の前提の揺らぎについては、気配は感じていたものの、どうにか避けられるのではないかとは思っていた面もあり、後々へのインパクトはより大きいかもしれない。人によっては、従来型の経済成長モデルの大転換と捉えるだろう。いずれにせよ、「ニューノーマル時代の到来」「経済活動の前提の地殻変動的揺らぎ」の顕在化は、これから数年の経営環境を決める大きなドライバーになる。それぞれを概観しておきたい（図表1）。

ニューノーマル時代の到来

① 人々の行動様式・価値観の変容

コロナ禍という非常時への対応のなかで、人々の行動や考え方はかつてとは大きく

図表1　アフターコロナの経営環境を決める大きなドライバー

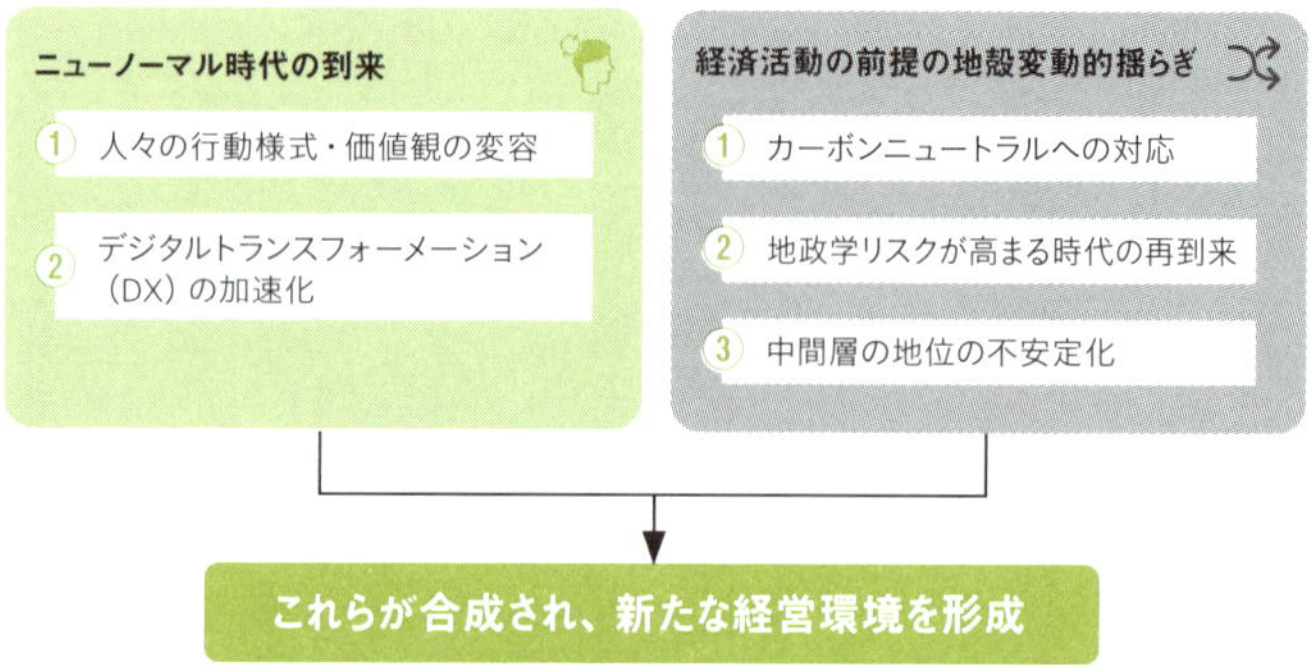

変わった。しかし、その収束に伴って元に戻る行動もあるだろう。たとえば、厳格なソーシャルディスタンスの確保や外食・旅行を控える行動を続けることはおそらくない。しかし、そのいくつかは元に戻らず、全体としては従来とかなり異なるニューノーマル時代を形成していくと考えられる。

では、何がニューノーマルとして常態化していくのか。行動様式に関しては比較的コンセンサスがとれているように思われる。まず挙げられるのは、消費生活におけるデジタルチャネルの受容性の高まりだ。買い物に関しては、日本では長らく他の先進国の水準に至らなかったECの利用率もコロナ禍で臨界点を超え、シニア層の利用が増えている。商品のみならず各種サービスに関しても、慣れればリアルチャネルよりもデジタルチャネルの方が便利なものが多いことが広く理解された。ネットフリックスなどの動画配信サービスの普及も、エンターテインメントサービスのデジタルチャネル化と捉えることもできる。対人、リアルチャネルが適しているサービスも多々あるが、デジタルチャネルに慣れ、利便性への認識が広がった領域では、後戻りはしないという見方が多い。

次がリモートワークだ。かつて、リモートワークは例外的、非常時向けの措置とみなされ、マイナス面や本格展開に向けてのハードルも指摘されてきたが、いざ普及してみると、従業員、企業ともにその利点の大きさを再認識させられた。さらに、対取引先でも、コロナ前はＺＯＯＭなどによる会議や商談などは例外的だったが、いまや礼儀を欠く形態ではなく、むしろお互いに利便性がある効率的な方法と認識されつつある。リモートワークに適応しづらい職種、業種もあるし、リモートワークのみにする企業はあまりないだろうが、今後は、ゼロイチではなく、従来の働き方とリモートワークをうまく組み合わせながら、それぞれの企業に適した新しい働き方を模索していく段階に至ると考えられる。

コロナ禍では、以上の行動様式の変化もあり、人々の価値観にも後戻りしないような変化が起きている。今までの働き方・労働観、組織への帰属意識、生活と仕事のバランス、家族との時間の過ごし方、などについての考え方の変化である。人それぞれ程度の差はあるが、これらの価値観、ライフスタイルの変化は、ちょっとした変化というよりも、生き方の深いレベルに通底するものが多く、新しい時代が来た、と考えた方がよさそうである。

これらの変化は、コロナ禍という特殊な要素が引き起こした偶発的な現象というよりも、長期的、必然的に起こるべきことが、コロナをきっかけにいわば早巻きで実現したと考えるべきだろう。すなわち、いつか来る未来が、コロナにより早く来たという見方である。よって、今回の変化を一時的なもの、あるいは表面的なものと見るのではなく、後戻りしないニューノーマルの構成要素として受け入れて、対応を考えていく必要がある。

②デジタルトランスフォーメーション（ＤＸ）の加速化

コロナ禍以前から、デジタルトランスフォーメーション（ＤＸ）の必要性、重要性は広く議論されつつあったものの、企業ごとの取り組みの程度にはバラツキ感もあった。しかし、コロナ禍を受けて、ＤＸへの取り組み姿勢が一挙に加速化した感がある。実際、ＢＣＧが行った調査によると、回答者の85％がコロナ禍によりＤＸの緊急度が高

まったと回答し、60%が今後DXへの投資が増えると予想している。[注1]

コロナによりDXが加速化した構図を振り返ろう。まず、前述したようにコロナ禍で消費者の非対面デジタルチャネルの受容性が飛躍的に高まった。消費者はリアル店舗よりもECを志向するようになり、各種取引やサービスの受付でもネットを好むようになってきた。

特に2つの点でブレークスルーがあった。1つは、感染への警戒感が高まるなか、従来は非対面デジタルサービスの受容性が低いとみられていた高齢者層において、デジタル取引の浸透度が大きく上昇したこと。もう1つは、ビデオ通話の一般化により、ヒトかデジタルかの二元論が崩れ、「ヒトによる非対面デジタルサービス」が一気に一般化したことである。これらのニーズへの対応が十分でないと顧客が離れてしまい、競争力が低下する可能性が出てきたので、企業は従来とは異なる次元で、顧客接点や取引の処理のデジタル化に取り組み始めた。

一方で、企業はコロナ禍の下で業務を遂行していくために、自社のオペレーションにおいても、デジタル化を加速させる必要性に直面した。リモートワークのベースとして、ZOOMなどのデジタルコミュニケーションツールを積極導入することはもちろんであるが、リモート勤務を可能にするための、事務オペレーションのデジタル化、データセキュリティの高度化などが同時に検討され、取り組みが進んでいった。印鑑が必要な事務プロセスの改善というレベルをスタート地点としながら、全面ペーパレスに移行するにはどうすればよいかなど、より高度な検討にもスコープは広がっている。

加えて、必然的に、自社内のオペレーションを超えて対顧客の面にも検討が広がり、取引先とのやりとりの非対面化、それらとデータを駆使した営業生産性向上へと取り組みの範囲が広がっていった。消費者への対応と同様、取引先企業でもデジタル化へのニーズが強まっているなか、これらへの対応が遅かったり、競争相手よりも品質が劣ったりすると競争力にも影響が及ぶ。従来以上の真剣さで取り組む企業が多く見られた。

このような流れのなかで、マネジメントの本気度もこれまでとは異なるレベルに高まった。経営層はこれまでも、概念としてのDXの重要性は理解していたが、ニーズの高さ、必要性、実際の効果を目の当たりにし、意識のレベルが1段上がった。結果、より強いリーダーシップを発揮し、それがさらなるデジタル化を呼び込むという、将棋倒し的な正の循環が発生した。

DXへの流れは加速し始めたが、1段階上のステージに進んだがゆえの、新たな課題も顕在化してきている。たとえば、顧客接点であるフロントサイドを進化させようとしても、既存のレガシーシステムが硬直的だったり、つくりが複雑だったりすることが判明し、想定通りに進まない状況が多発している。そのほか、デジタル化の担い手が社内に十分にいないという人材問題にも直面している。また、DXは単に今までのプロセスをデジタル化、IT化するのではなく、ビジネスプロセスを全面的に刷新したり、ビジネスモデルを変更したりする全社改革であることが改めて認識され、従来のやり方を大きく変える経営判断が求められる局面も発生した。だが、必ずしも経営者が強いコミットメント、意志を示しながら決断できるケースばかりではなかったのではないか。

このように、DXの実現に向けてのチャレンジは小さくはない。しかしながら、コロナ禍を機にDXの取り組みがこれまでとは違う次元でなされるステージになったことの意義は大きく、取り組みの度合いで競争力に差がつく時代になってきたといえる。

経済活動の前提の地殻変動的揺らぎ

① カーボンニュートラルへの対応

次に、経済活動の前提の揺らぎについて考えていきたい。ここ1年余りの間に新聞・雑誌の紙面は様変わりした。2020年後半から、カーボンニュートラルがホットアジェンダに躍り出て、関連する記事や情報を主要メディアで見ない日はないほどになっている。

昨今の異常気象を前にすると、温暖化の進行を抑えるために、2050年にカーボンニュートラルを達成すべきである、という見立てや目標については、一定の理解はできるという読者のみなさんも多いと思う。しかしながら、目標達成に向けたチャレンジの大きさを考えると、「人類はこれを本当に実現できるのか」「各国はみな、本気で取り組もうとするのか」「日本はどうするのか」「企業は本当に努力していくべきなのか」――など、いまだもやもやしたところが残っているのではないか。これらの主な疑問点への暫定解を探る形で、カーボンニュートラルへの対応を概観してみたい。

まず、「産業革命以来続く温室効果ガス（GHG）の排出をネットゼロにすることはできるのか」という問いについては、「みなが真剣に努力していくのであれば理論的には可能」というのが模範解答になる。ただし、やり遂げるためには、多領域における技術革新、企業・消費者の行動変容、政府・投資家の国際協調が必要条件になる。

より具体的には、エネルギーの供給面、排出せざるを得ないGHGの回収・吸収の面などにおいて今後継続的な技術革新を進めていく必要があり、企業・消費者も、これから設定されるであろう規制やルールなどに従うという受動的な側面、そして時代の流れを理解して社会へのポジティブな貢献をしようという積極的な側面の両面から、温室効果ガスの排出を抑制する最大限の努力をしていく必要がある。また、各国政府も、フリーライダーになることなく、痛みを伴う政策も含めた多面的な対応を実行する必要がある。

しかし次に、「理論的に可能だとしても、現実問題、各国政府は協調して努力するのか」という疑問が出てくる。要は多くの国が最大限の努力をしても、温室効果ガスをこれまでと変わらず排出し続ける国々があるならば世界全体として目標を達成できない。同じスピードで削減努力をしない国々があるなかで、痛みを伴う政策を実施していくのは不利益につながると考える国々が出てきて、結局誰も努力しないという、モラルハザード的な流れも発生しうるからである。

欧州各国のように、再エネの供給を先駆けて準備し、カーボンニュートラルに向けた取り組みが国際競争力強化につながる段階まで来ている国々は積極的な推進国になるだろう。しかし、石炭、石油輸出に依存している国々は、ブレーキ役になりがちである。また、これから経済を本格的に発展させていこうという国々にとっては、経済発展を加速させつつ、温室効果ガスの排出を大きく抑えるのは大変難度が高く、「2050年でのカーボンニュートラルを各国に一律に負荷するのは、先進国のエゴである」という主張に与しやすい。

実際、2050年のカーボンニュートラルを宣言している国は先進国中心であり、中国は2060年を目標とし、ロシアやインドなどの大国はいまだコミットしていない。よって、今の時点では早々に各国の足並みがそろって協調して努力するようになるとは言い切れず、各国が地球的な課題に向けて協働していくという楽観的なシナリオから、まったく協働できずに気候変動をさらに悪化させてしまう悲観的なシナリオまで、いくつかのシナリオを想定するしかない状況である。

となると、「日本としてどうすべきで、政府はどのような政策をとりうるのだろうか」。ここでは詳細の説明は省くが、いくつかのシナリオを想定して理詰めで考えていくと、基本はカーボンニュートラルを推進していくことを主軸に据え、想定外の事態が起こった際には軌道修正するという方針をとることが、現時点では現実解とされている。実際、政府はそのような方針から2050年のカーボンニュートラルの宣言に至り、2030年には46％の削減を目標としている。

これらを前提とすれば、日本企業がとるべき答えは、カーボンニュートラルに向けて最大限の努力をする、とならざるを得ない。そのためには、従来の大量生産・大量消費のパラダイムから離れて、エネルギーをはじめとする経営資源の獲得にかなりの制約が出てくるという前提を受け入れつつ、新しいビジネスのあり方を目指す必要がある。[注2]

② 地政学リスクが高まる時代の再到来

国益をめぐる争いや地域紛争などはなくならないものの、少し前までは国々の経済的相互依存が進むことで国境は徐々に薄れ、世界は一体感を深めていくという前提が存在していた。地政学的リスクに過度に敏感にならず、有利な条件を出す企業から原材料などを調達し、経済面で最も適した地域に生産拠点を持ち、効率的なグローバルサプライチェーンを構築しながら、さまざまな市場に広く参入する、というような自由貿易に基づく企業経営が、あるべきモデルと考えられていた。

しかしながら、英国の欧州連合（EU）離脱（ブレグジット）あたりから、自由貿易的パラダイムの雲行きが怪しくなり、近年の米中対立の高まりを契機に、ボーダーレスに向かう世界観を前提とする戦略は見直しを迫られることになった。今般のこの逆行現象には必然的な背景・要因が存在しているため、一時的なものではなく、しばらく続くものと考えた方がよさそうだ。その背景には何があるのか。

1つは、逆説的であるが、各国間の相互依存が深まったことである。より具体的には、経済的な相互依存が深まったがゆえに、その状況を逆手にとって、他国に対して影響力を及ぼしたり、交渉を迫ったりしようとする、「エコノミック・ステイトクラフト」という外交手法が行使されやすくなり、いきおい国益をめぐる争いがエスカレートしやくなった。具体的には、レアアースなど希少な物資の禁輸措置、外資によるM&Aへの政府の介入などにより、国益拡大を狙う手口が挙げられるが、相手が自国に頼っていればいるほど、それは強い交渉材料になるし、影響力行使の手段になりやすい。また、どちらかの国がこれに誘発されて、エコノミック・ステイトクラフトを仕掛けると、やられたらやり返すという悪循環に陥り、全体最適の観点からは程遠い状態に陥ってしまう。

加えて国同士の衝突の仕方が多様化したことも、対立が深まる要因の1つである。ひと昔前までは、国と国との衝突は軍事力の行使などのハードな紛争が主であり、力の行使には国民からのコンセンサスのとりつけや、想定されるダメージの覚悟など、決断を躊躇させるハードルが存在した。一方で、近年ではデジタル技術が広く社会に実装される状況下にあり、軍事のみならず経済・産業領域を狙って水面下でサイバー攻撃を仕掛けたり、敵対国の国民向けに情報操作を展開したりするという、「ハイブリッド戦」が常態化している。これは宣戦布告などをせずに、常に戦争をしている状態ともいえ、対立・衝突がエスカレートしやすい構図を形成している。

さらに、後述するように、各国の中間層の地位が不安定になるなか、国益第一主義を唱え、国際協調の優先順位を下げる指導者が現れやすくなっていることも、国々の対立が高まる要因となっている。

そのような背景、状況下で米中対立が顕在化し、地政学的観点の重要性を別次元へと押し上げた。大国同士の対立というとかつての冷戦が代表例であるが、米ソの対立は、主に、軍事・政治面、社会構造・イデオロギー面での対立が中心となっていた。今回の米中対立は、さらに経済面での覇権争いの要素も加わっており、まさしく全面対立といえる。加えて、米ソ対立時に比べて米中は経済的な相互依存も圧倒的に深いため（1989年当時の米ソ貿易総額が約50億ドルだったのに対し、2018年の米中貿易総額は6600億ドル）、相互に繰り出すエコノミック・ステイトクラフトの威力・ダメージは大きく、対立がエスカレートすることで、長期的かつ、深い対立となってしまう。結果、さまざまな領域でしばらくは米中デカップリングが起こる可能性が強い。よって、企業は自由貿易的な世界観の前提から離れ、米中の深い対立、地政学的リスクの高まりを新しい前提として、グローバル戦略を見直す必要がある。

③ 中間層の地位の不安定化

従来の経済活動は、経済発展に伴い中間層が豊かになり、社会は安定し、それが経済をさらに発展させるという、正の循環を前提として営まれてきた。しかし、近年ではその中間層の地位の不安定化が加速し、凋落のリスクが高まっている。

このリスクは従前から議論されてきた。IT、AI、ロボティクスなどの技術革新や、経済のグローバル化による低賃金地域への雇用の移動によって、中間層が従事していた仕事が減少してしまうという潮流である。これにより、一部中間層は賃金が下がったり、低スキルの仕事に回らざるを得なかったりするなど、不利益を被るというものだ。

この潮流自体が中間層にとっての大きなチャレンジなのだが、コロナ禍で顕著となった2つの要素により状況の悪化は加速しつつある。1つは、ネットの進化によってもたらされた、ウーバーイーツなどの労働マッチングプラットフォームの利活用の高まり、もう1つは、リモートワークの一般化、常態化である。これらはどちらも、中間層にとっての恩恵でもある。労働マッチングプラットフォームを使えば、より良い仕事を見つけたり、隙間時間で収入を得たりすることも可能であるし、リモートワークにより、さらにワークライフバランスがとれた充実した生活を送ることもできる。したがって、現時点では中間層には双方とも総じてプラスと受け止められている。

しかし、労働マッチングプラットフォームは、高度でニッチな業務を提供するのでなければ、参入者の増加に伴い労働の買い手市場になっていく可能性が高く、賃金の下振れ要因となる。また、リモートワークは、労働の担い手がどこにいてもよいことになるので、やがては国外の労働者も雇用の対象になってくる。いわゆる「遠隔移民(テレマイグランツ)」問題であり、遠隔移民の活用が拡大すれば、国内の中間層の賃金の低下や、雇用の減少につながる。前述した地政学リスクが高まり、デカップリングが起きる状況でも、同じ経済圏内では遠隔移民が多用されうる。特に、昨今のAIの進化による通訳機能の進化は著しく、言語のバリアが解決され始めると、そのインパクトは想像より速いペースで拡大する可能性もある。よって、コロナ禍で顕著になった2つの要素は、高度なスキルを持った人々には大きな恩恵をもたらす一方で、中間層にとっては恩恵よりもリスクの方が大きくなる可能性が強い。

これらの問題は、基本的には中間層のリスキル（学び直し）の促進、ギグワーカーの保護、遠隔移民問題のマネジメントなど、国の政策により解決を図るべきものである。だが、政策の効果が得られるまでには相応の時間を要するため、流れが加速してしまうと十分な対応にならずに、リスクが顕在化するだろう。これはマクロ要素が非常に強い課題であり、各企業にできることは限られているが、この新しい前提がもたらす従来の経済成長モデルの危機に留意しながら、企業経営の視野にいれておくことが大切である。

激変する将来に備える節目の年としての２０２２年

概観してきた、「ニューノーマル時代の到来」「経済活動の前提の地殻変動的揺らぎ」が、今後数年の経営環境に大きく影響するのは間違いないが、それらが合成されてどのような環境になるのかを予見するのは難しい。ただ、明らかなことは、先が読みにくいということ、従来とはかなり異なる新しい経営環境が現れるということである。また、投資家は、大きな経済危機の後、より高い成長意欲を持った、野心的な企業を支持する傾向がある。これまでのやり方を刷新して高い目標を掲げる企業ほど、資本市場では高く評価され、慎重すぎる企業は、過小評価されてしまう可能性もある。

よって、2022年を、アフターコロナへ移行していく年、新しい経営環境への備えを万全にしながら前向きな挑戦をしていく節目の年と捉えて、これから3～5年単位、10～20年単位で何が起こるかを考え抜き、対応策を構築しアクションをスタートさせることが、激変する将来での成功のカギになるだろう。

注1：BCG資料「デジタルトランスフォーメーションに関するグローバル調査」（2020年4月～6月実施）https://web-assets.bcg.com/75/78/b70d54ef44cb963b8ad3d7e22c72/bcg-digital-transformation-survey-2020.pdf

注2：詳細はボストン コンサルティング グループ『BCGカーボンニュートラル実践経営』（日経BP）をご覧ください。

Chapter. 2

日本企業がとるべき戦略的アクション

Introduction 2

第1章で見た構造変化は、過去とは比較にならないほど巨大で多様なものになる。また、その波は一時的なものではなく、長期的に企業活動に影響を与えながら、新たな変化を加え、スピードと複雑性を高め、企業に押し寄せ続ける。このような大きな環境変化のなか、企業経営が2022年に直面するパラダイムシフトを正しく認識することが、激変する将来への対応を始めるための第一歩だ。本章では、今起きている4つのパラダイムシフトを概観する。そのうえで、経営リーダーがパラダイムシフトを乗り越え、企業経営をジャンプさせるために、優先的に実行すべき戦略的アクションの概要をまとめる。

Author

東海林一 Shoji, Hajime

BCGマネージング・ディレクター&シニア・パートナー

一橋大学経済学部卒業。ロチェスター大学経営学修士(MBA)。株式会社日本興業銀行(現みずほフィナンシャルグループ)を経て現在に至る。BCGハイテク・メディア・通信プラクティス、組織・人材プラクティス、およびパブリックセクター・プラクティスのコアメンバー。

共著書に『BCG 次の10年で勝つ経営』『BCGが読む経営の論点2021』日経ムック『BCGカーボンニュートラル経営戦略』(日本経済新聞出版)、『BCGカーボンニュートラル実践経営』(日経BP)など。

2022年に企業経営が直面する4つのパラダイムシフト

① 企業目標のシフト

第1のパラダイムシフトは、企業目標が「財務的な利益の実現」から「社会的な利益の追求」へとシフトしていることだ。企業はこれまで、企業活動の尺度として財務的な利益を追求してきた。「株主価値の最大化」を軸とするこの考え方では、企業の最終ステークホルダーである株主の価値を最大化することが、中間ステークホルダーである消費者、従業員などの利益の最大化にもつながるとしていた。その背景には、企業経営の舞台である市場の拡大が続くなか、企業が利益を追求する過程でマクロ的にも最適な資源配分が行われ、それが社会全体にも長期的にプラスに働くとの考えがあった。

しかしながら、外部環境が大きく変化し、サステナビリティに関する要請の高まりを含め、拡大を前提とする資本主義のあり方に大きな疑問が生じている現状では、企業には「社会的な利益」を「財務的な利益」の上位概念として追求することが求められている。これは、企業の地球市民としての責務の観点からはもちろん、企業のゴーイングコンサーン（永続的な発展）を実現する観点からも極めて合理的な考え方である。

第1章で述べたカーボンニュートラルや中間層の地位の不安定化への対応は、社会的な利益を追求するうえで筆頭の取り組みテーマである。

②戦略策定のシフト

第2には、戦略策定が「先を読む」から「先が読めないことを前提にした経営」へとシフトしていることだ。従来、「正確に先を読むこと」は企業経営の成功の1つの条件であった。経営においては可能な限り不確実性を減じ、現場においては決められたオペレーションの改善に邁進し、効率性を高めることが重要視された。想定される外部環境の不確実性が、ある程度限定される状況においては正しい戦略策定手法だ。

企業はいま、地政学リスクをはじめとした不確実性の増大に直面している。今後は経営から不確実な要素の多くを減じることは不可能だ。あらかじめ定めた計画に固執することは、環境変化に対する経営の柔軟性を損ない、企業経営に壊滅的な打撃を与えるリスクを生む。こうした環境下においては、企業は「先が読めないことを前提にした経営」に舵を切る必要がある。

より具体的には、企業がさまざまな変化のなかで起こりうるシナリオを描く構想力を高めること、リアルタイムのデータに基づきいち早く変化の兆しを捉え、シナリオへの対応力を高めること、組織の学習スピードを高めることが重要になる。こうした面でも、デジタルトランスフォーメーション（DX）の加速化は重要性を増しているのだ。

③組織の進化

第3には、組織が「決めたことを実現する」集団から「付加価値を追求する」集団へ進化することだ。従来型の組織では、決まったサービス・商品の提供を前提に、それらを効率的に実現するための機能分化が組織構築のカギだった。機能分化を通じて、経験知をいかに積み上げ、効率性を高めていくかが、企業の競争優位性の源泉として重視されてきた。

しかしながら、人々の行動様式や価値観が大きく変容し続けるなか、企業の競争優位性の源泉は、顧客が求めるニーズを素早く把握し、柔軟に提供する力にシフトしている。そこでは、高い能力を持った個人が、組織が目指す方向性を深く理解し、変化に対して自律的なアクションをとること、企業がそれらの能力を統合的にまとめあげ、1つの付加価値に仕上げていくことが極めて重要になる。その達成のために、組織単位で意思決定のあり方、ガバナンスのあり方も進化させていく必要がある。

図表1　経営のパラダイムシフト

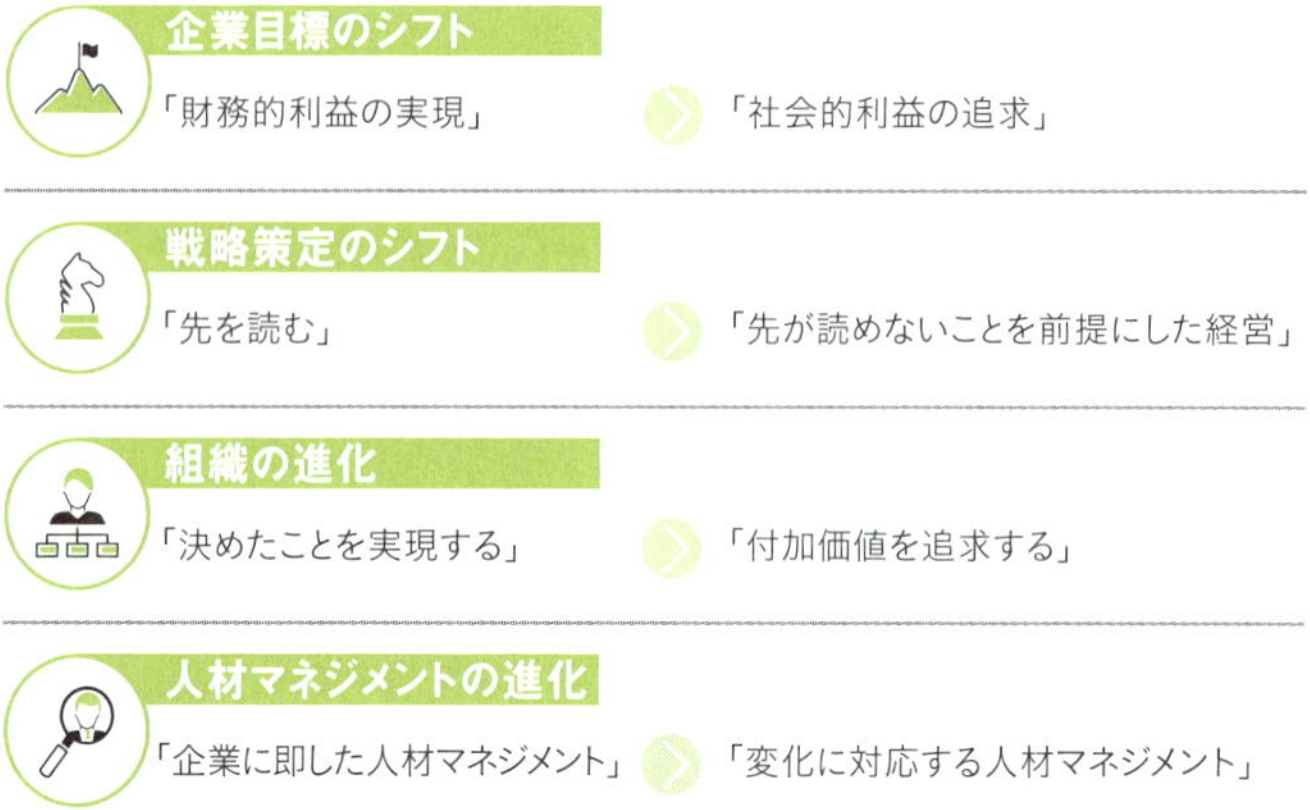

④ 人材マネジメントの進化

第4には、人材マネジメントが「企業に即した人材マネジメント」から「変化に対応する人材マネジメント」へ進化することだ。従来、企業は特定の事業領域を選択し、そのなかで専門性と経験に基づいて競争優位性を構築し、市場で戦ってきた。そこで求められるのは、特定の事業に関して専門知識と遂行力を持つ人材であった。

大きな環境変化に伴い、事業のありようが大きく変化するなか、企業はいま、特定事業に高い遂行力を有する人材とあわせ、事業領域の変化・多様化に対応する人材を確保し、人材ポートフォリオを構築することが求められている。従来、企業は特定の専門性や経験を持つ人材を目利きし、選んできたが、人材要件も働く人々の価値観も多様化しており、今後企業は目利き力の限界も自認しつつ、多様な人材を受容し、彼らから選ばれる存在に進化することが必要である。

以上の4つが、2022年に企業が直面する大きなパラダイムシフトだ（図表1）。

2022年は、非連続の発想で経営を進化させるべきタイミング

これらのパラダイムシフトを踏まえ、経営リーダーには、2022年を非連続の発想で経営を進化させるタイミングと位置づけてほしい。変化の波は大きく、経営リーダーが従来の企業経営の常識のなかで対症療法を繰り返しても、すぐに次の波動への対応を求められ、組織は疲弊するばかりだ。

特にコロナ禍は、多くの構造変化を加速させており、いま、正しい方向に大きなジャンプを図ることが、今後企業が競争力を維持・強化していくうえでとても大切になる。もちろん、経営は非連続のジャンプだけでは成立せず、ジャンプと定着を繰り返し進めていくことが重要だ。変化の本質を理解し、ジャンプの方向性を定め、覚悟をもっていち早くジャンプを実現し、定着に動ける企業が勝者となりうる。そして洞察

力とビジョンと実行力を兼ね備えた経営リーダーこそが、このジャンプを実行しうるのだ。

大きなジャンプを実現するために、2022年に経営リーダーに特に求められる戦略的なアクションは次の5つだ。

1　企業が目指すべき方向を再定義する
2　不透明への耐性を高める
3　シナリオの構想力を高める
4　環境変化への対応力を高めるためにデジタル基盤を強化する
5　従業員のエンゲージメントを高める

それぞれ、くわしく見ていきたい。

戦略アクション1：企業が目指すべき方向を再定義する

2022年に経営リーダーに求められる第1のアクションは、企業が目指すべき方

図表2　パーパスの考え方

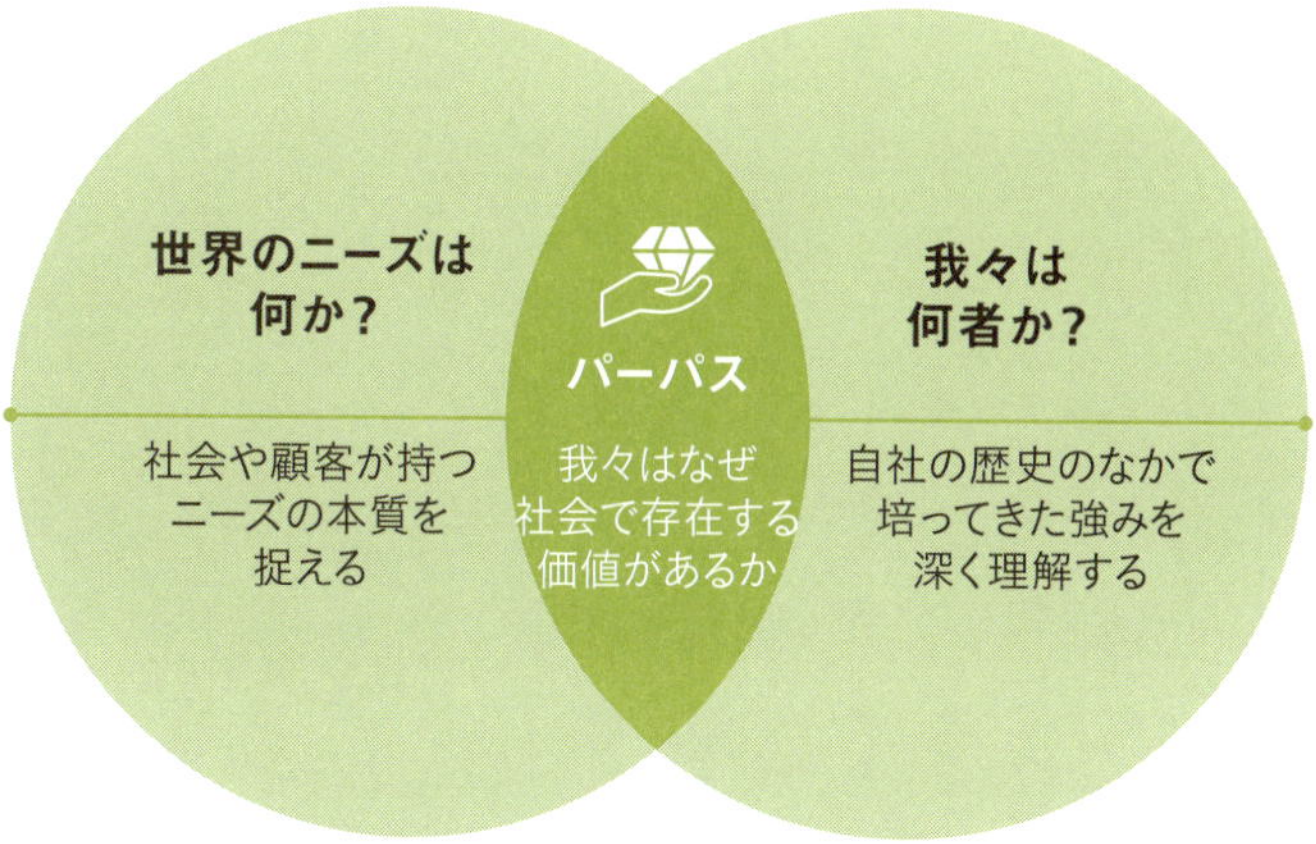

向をパーパス（存在意義）として再定義することだ。不確実性が大きく高まる環境下で、もはやルールやガバナンスのみで方向性を1つにすることは極めて困難だ。企業にとってパーパスの設定は、社会的意義が重視される潮流への対応であると同時に、求められる戦略やその遂行力が多様になるなか、組織が実現を目指す価値を定義し、軸を示すことで、構成員の自律的な価値実現を促す決め手にもなる。

パーパスの設定は2つの視点の交差と考えられる（図表2）。第1は「世界のニーズは何か？」という視点だ。大きな環境変化のなかで、社会や顧客が持つニーズの本質を捉えることが大切だ。第2の視点は「我々は何者か？」である。自社の歴史のなかで培ってきた強みを深く理解することが重要である。これらの交点に、我々はなぜ社会で存在する価値があるかという企業の根源的な存在価値を見出すことができる。

カーボンニュートラルへの対応は、その経営インパクトの大きさを考えると広い意味で企業のパーパスのなかに盛り込まれるべきテーマだ。初期には、社会的な要請や政府・規制当局の動きが強まるなかで「要件を充たす」ことが重要な視点である。

しかしながら、第1章でも述べたように、カーボンニュートラルには新たな成長戦略における市場間での競争力強化の意味合いも包含されている。自社ならではの強みにより新しい価値を創造し、「競争優位性を構築する」「新規事業機会を探索する」ことがあわせて重要になっている。カーボンニュートラルへの取り組みは、企業の最も根源的な活動の1つとして捉えるべきだ。

パーパスの再定義にあたって大切なことは、社会的なインパクトの実現、ビジネス戦略の構築、ブランド・顧客体験の高度化、組織設計、人材マネジメントをそれぞれ単独の取り組みとして捉えるのではなく、パーパスという1つの傘のもと、統合的に考えていくことだ。そうすることで、パーパスへの取り組みを通じ、企業は永続的な付加価値の増大と競争優位性の向上を実現することができるのだ。

戦略アクション2：不透明への耐性を高める

経営リーダーに求められる第2のアクションは、予想できないできごとが頻発することを前提に、不透明への耐性を高めることだ。ここでまず実現すべきは、キャッシュマネジメント力を進化させることである。キャッシュマネジメントは、非常時には企業のリスク耐性のカギであり、短期間でインパクトを出すことが求められる。同時に、緊急避難策に終わらせず、中長期的な視点をもって取り組むことが極めて重要である。新しい働き方を設計したうえで、抜本的なコスト見直しと継続性のあるコスト管理を進めるとともに、回復期の成長に向けた備えを十分に検討する必要がある。

さらに、コロナ禍により全業種の企業がサプライチェーンのリスクに直面しており、その持続性を高めることが不透明への耐性を高めるうえで重要になっている。従来、サプライチェーンは「効率性」と「顧客向けサービスの質」という2軸で評価されてきた。今後は、これら2軸に加えて「リスク対応」「レジリエンス（回復力・強靭性）」の視点がサプライチェーンをマネジメントするうえでのカギとなる。

キャッシュマネジメント力とサプライチェーンの持続性の向上において共通する重要な4つのステップを紹介する（図表3）。

図表3 不透明への耐性を高める4つのステップ

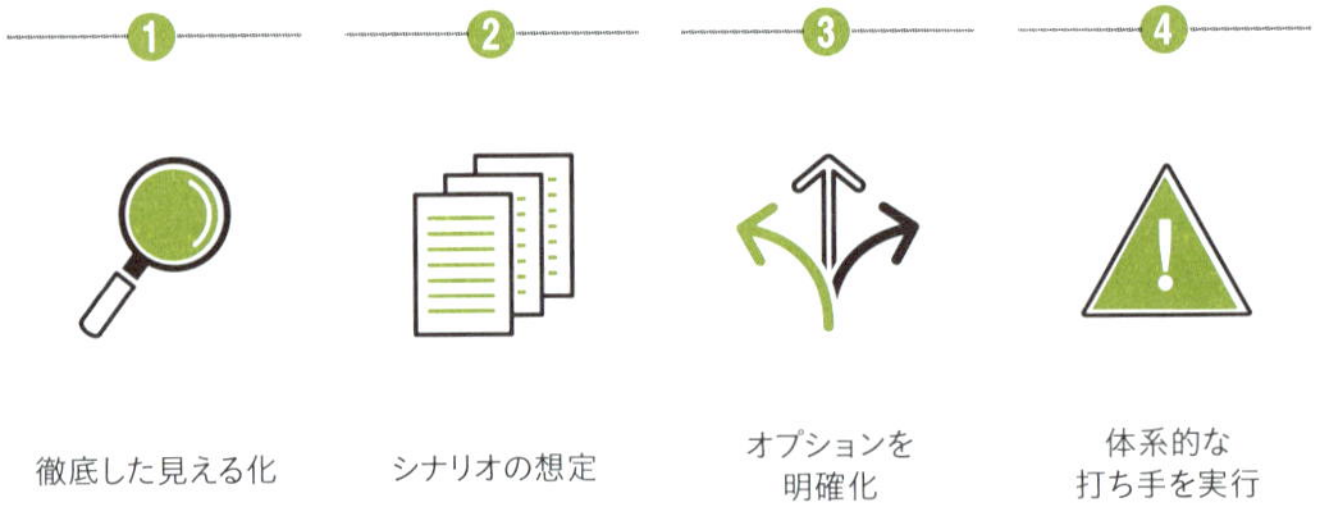

第1ステップは、徹底した見える化だ。ここでは、全体を監視・管理するコントロールタワーを経営に近いところに置き、ビジネスの流れを整理することが大切である。

第2のステップは、資金やサプライチェーンに影響を与えうるシナリオを想定することだ。シナリオとの関連性を意識しながら情報を収集することも必要になる。

第3には、各シナリオが発生したときにとりうるオプションをあらかじめ明確化しておくことだ。

第4には、経営に近いところに置いたコントロールタワーにより、有事には体系的な打ち手を素早く実行することだ。

これらの実行にあたっては、経営リーダーが意思決定のあり方を変えることに強くコミットメントすることが求められる。経営リーダーは、有事になってから状況を把握し判断するのではなく、普段から有事への備えに関わり、いざことが起きたら対応に関する意思決定を迅速に実行する必要がある。ここでは、経営リーダーが、キャッシュマネジメントやサプライチェーンといった一機能に閉じた思考ではなく、事業・機能横断的に、あるいは外部関係者も含めたネットワークのなかで、全体デザインを構想する姿勢も大切になる。

戦略アクション3：シナリオの構想力を高める

第3の戦略アクションは、不確実であることが常態化するなかで、シナリオ構想力を高めることだ。シナリオを構想する目的は、未来を正確に予想することではない。10年から30年の長い時間軸を前提に、経営者として認識しておくべき非連続な構造変化や極端なリスクを想定し、それらが発生した際の自社へのインパクトを関係者の間で共通認識とすることだ。これらを通じて、経営リーダーは、戦略上のブラインドスポット（気づけていない領域）を把握することができ、大きな変化に対して兆候を素早く把握し、より的確な打ち手を実行できるようになる。

シナリオは次のようなプロセスを経て構想する。まず、自社の将来像に影響を与え

図表4　シナリオプランニングの要諦

✕「本当に起こるのか?」
✓「起きた場合にどうするか?」
予測の確度を高めるよりも、想定外の事態への対応方法を準備

✕ 脅威・リスクのみ
✓ 新たに生じる事業機会にも着目
例:カーボンニュートラル
大きなリスクであると同時に、新しい価値を創造できる機会でもある

るようなメガトレンドを抽出する。そのうえで、メガトレンドのなかから、自社に特に大きなインパクトをもたらしうるキートレンドを整理する。さらにはそれらのキートレンドの組み合わせにより、自社の将来像に関するいくつかのシナリオを創出し、同時に何がシナリオの分岐点・発生要因となるかを理解する。これらのシナリオはステークホルダーにとって論点・争点を提起するようなものになっていることが大切だ。そして最後に、各シナリオが発生したときにとるべきアクションとその発動基準を明確にする。

シナリオの構想にあたって大切なことは、経営リーダーが「本当に起こるのか?」ではなく、「起きた場合にどうするか?」という問いに集中することだ(図表4)。将来像に関する「最適解」の合意ではなく、シナリオが企業経営に対して持つインパクトの「共

通認識」の醸成に努めることが大切だ。経営リーダーは、事業環境の不確実性が高まるなか、将来予測の確度を高めることよりも、想定外のことが起こったときの対応方法を準備することが重要になっていることを再認識すべきである。

さらに、シナリオが発生したときのアクションの設定に際しては、脅威・リスクのみならず、新たに生じる事業機会にも着目したい。カーボンニュートラルの例のように、今後、経営リーダーは企業の存続基盤を揺るがすような大きなリスクに直面することも増えるだろう。これらのリスクは、同時に企業にとっての事業機会につながる側面も大きい。経営リーダーにとっては、一定の時間軸のなかで、リスク克服と事業機会の創出を同時に見据える視点を持ち、それらを実現する仕組みを構築することが重要になる。

戦略アクション4：環境変化への対応力を高めるためにデジタル基盤を強化する

第4の戦略アクションは、環境変化への対応力を高めるためにデジタル基盤を強化することだ。第1章でも述べたように、いま、多くの企業がDXを積極的に進めてい

図表5 デジタル基盤強化のプロセス

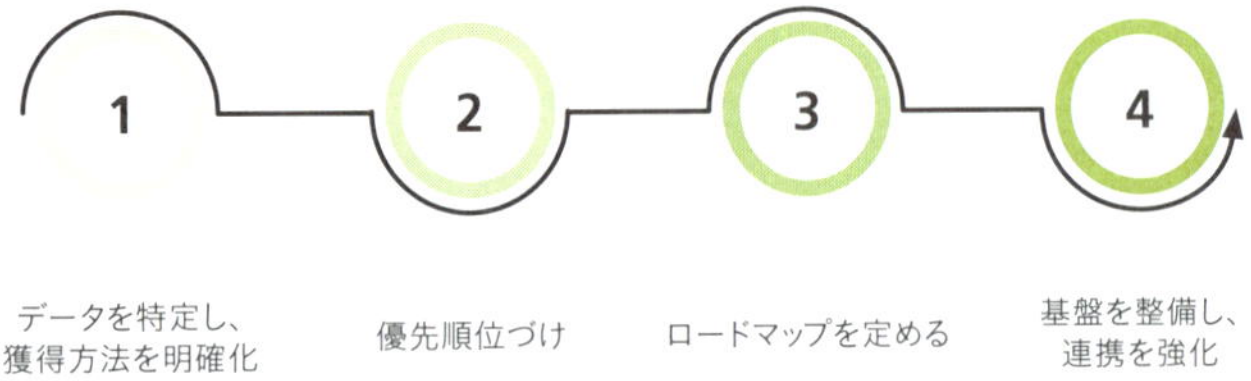

る。その背景には、不透明な時代における企業の競争優位性の源泉が、データに基づいて迅速な経営判断を行い、環境変化に対応していくことに大きくシフトしていることがある。2022年には、経営の大きなジャンプの土台としてこの動きをさらに進めていくことが重要だ。

デジタル基盤の強化にあたっては、目的とプロセスを明確に定め、データ優位性を構築することが大切だ。まず、事業の優位性構築につながるデータを特定し、データの獲得方法を明確化する。次に、多様かつ大きな可能性が存在するなか、事業インパクトと実現可能性から優先順位づけをし、ロードマップを定め、価値創出への道筋をつくる。そのうえで、基盤を整備し、アナリティクス（分析部隊）との連携を強化する（図表5）。

データ優位性を実現するうえで、もう1つ重要なのが組織の再構築だ。日本企業は、オペレーション効率化の観点から機能別に組織が細分化され、データの保有・利用権が分散していたり、データ分析に基づいた顧客目線での統合的な付加価値創出が難しかったりするケースが多い。データ基盤の構築とともに、データから価値が創出されるような組織構造もあわせて進化させる必要がある。細分化された機能別の形から、顧客起点で全体を俯瞰する形へと進化することが1つの方向性である。

多くの企業にとって、デジタル基盤の整備は、データの獲得、分析、アクションの実行に多くの社内調整を必要とし、時間を要するテーマになっている。経営リーダーにとっては、コロナ禍を好機として捉え、一気に付加価値を創出できる水準まで取り組みを進めることが重要である。そのためには、重要案件を3つか4つに絞り込み、PoC（Proof of Concept、アイデアや計画の実効性を検証する作業）としてではなく、期限付きで成果を出すリアルな案件として取り組むことが必要だ。

戦略アクション5：従業員のエンゲージメントを高める

経営リーダーに求められる第5の戦略アクションは、従業員のエンゲージメントを高めることだ。事業環境が変化するなか、企業と従業員の関係も大きく変わりつつある。企業は従来にも増して多様な能力・スキルを保有した人材ポートフォリオを構築する必要があり、決まったことを着実に実行する人材にとどまらず、変化に対応して自律的に行動しうる人材の育成・確保が急務だ。一方、働き手の価値観が多様化し、日本の労働市場の流動性も徐々にではあるが高まっており、従業員は働く場を選択する際に仕事を通じてどのような付加価値を実現できるかを重視するようになっている。こうしたなか、企業と従業員の目指す方向を一致させ、従業員が最大限の能力を発揮できるようにしていくことは、企業が競争力を高めていくうえで極めて重要なことだ。

従業員のエンゲージメントを強化するために、経営リーダーが果たす役割は大きい。まず、従業員にとっての目標ややりがいを明示する。社会的なニーズと自社の強みの交点で定義されるパーパスを設定し、そこから従業員一人ひとりが実現する付加価値を定め、目標にしていくことが大切だ。こうしたパーパスや目標は企業と従業員の間で積極的にコミュニケーションされる必要がある。企業が目指す方向が明らかであれば、それと動機が一致する人材が集い、自律的に付加価値を生み出す存在となりうる。

さらに大切なことは、従業員が付加価値を発揮するための支援を経営リーダーが積極的に実施することだ。能力やスキルの開発機会の提供に加え、チャレンジに直面した際のアドバイスも重要になる。加えて、今日の日本企業においては、組織が機能的

図表6　従業員のエンゲージメントを高めるために必要なこと

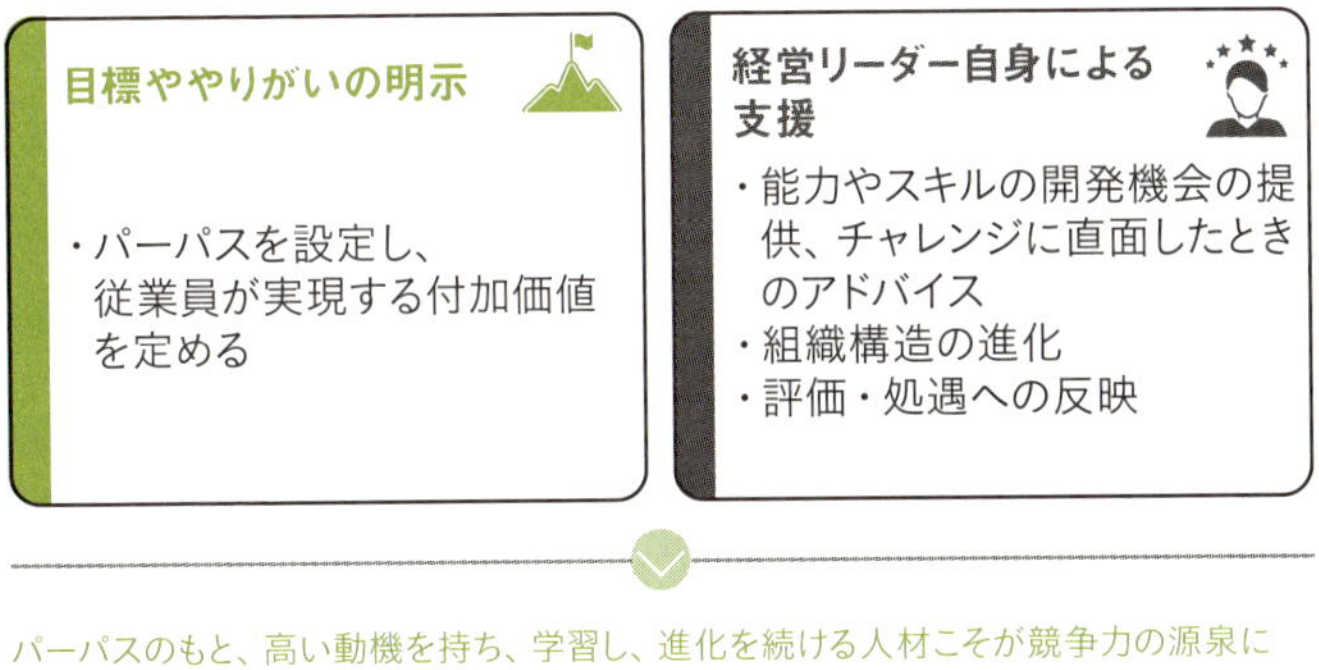
目標ややりがいの明示
・パーパスを設定し、従業員が実現する付加価値を定める
経営リーダー自身による支援
・能力やスキルの開発機会の提供、チャレンジに直面したときのアドバイス
・組織構造の進化
・評価・処遇への反映
パーパスのもと、高い動機を持ち、学習し、進化を続ける人材こそが競争力の源泉に

に細分化されていることにより、従業員が目標を実現するために必要なアセットが活用しづらくなっているケースも多い。組織構造を進化させ、必要なアセットを活用しやすくすることもエンゲージメントを高めるための大切なポイントである。従業員が実現すべき、または実現したい付加価値を明確にしたうえで、それらを評価・処遇に反映していくことももちろん重要である（図表6）。

変化が大きく先が読めない環境にあっては、企業のパーパスのもとで、高い動機を持ち、学習し、進化し続ける人材こそが企業の競争力の源泉になる。経営リーダーは、これまでの人材育成施策からさらに踏み込んだ形で従業員のエンゲージメントを高める努力をしていく必要がある。

以上、大きなパラダイムシフトのもとで、経営リーダーが実行すべき戦略的なアクションを概観してきた。これらのアクションは2022年に経営リーダーが優先的に取り組むべき、業種を超えたテーマである。

一方で、経営リーダーが何を重視し、どのように実行していくべきかは、業種特性による差異もある。パート2では、業種ごとに2022年の経営の論点を捉え、そのなかで経営リーダーが実行すべきアクションをより具体的に示していく。

Part 2

業界別・2022年の論点

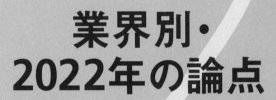

Chapter.

3

製造業（産業財）

新たな流れの中で価値を生む2つの取り組み

Introduction 3

機械・重工業から部品・精密機器、そして素材に至るまで、産業財の分野にはさまざまな事業が存在し、抱えている経営課題も大きく異なる。

本章では、そうしたなかでもカーボンニュートラル、データソリューション化といった産業財分野全般に共通性の高い構造課題に着目し、経営の論点を概観するとともに、それらの論点や事業環境を踏まえて注力すべき2つの取り組みについて解説する。

Author

服部奨
Hattori, Susumu
BCGマネージング・ディレクター&シニア・パートナー

東京大学経済学部卒業。ロンドン大学経営学修士(MBA)。三井不動産株式会社を経て現在に至る。BCGパリ・オフィスに勤務した経験もある。
BCG産業財・自動車プラクティスの日本共同リーダー、ハイテク・メディア・通信プラクティス、およびマーケティング・営業・プライシング・プラクティスのコアメンバー。
共著書に『BCGが読む経営の論点２０１８』『BCGが読む経営の論点２０２１』日経ムック『BCGカーボンニュートラル経営戦略』(日本経済新聞出版)。

製造業企業を取り巻く構造変化

２０２０年後半から２０２１年の前半を振り返ると、多くの企業が目の前の新型コロナウイルス感染拡大への対応、そしてその後の回復需要への目配りに追われていた時期であったといえよう。一方で、この期間に今後10年にわたり加速するであろう、複数の構造変化が水面下で着実に進み、産業財分野の企業の経営に大きな影響を及ぼし始めている。

カーボンニュートラルへの潮流の急加速

１つ目の構造変化はカーボンニュートラルとサステナビリティに向かう社会の動きが加速し、産業財分野の企業にとってその対応が必須条件であることが明らかになってきたことだ。日本においては２０２０年10月に当時の菅政権がカーボンニュートラル宣言を打ち出したことがこの明確な契機になった。

同時にこの１年で脱炭素社会に向けた動きが大きな市場機会を生む、ということも見えてきた。それが端的に表れているのが資金の動きだ。米国バイデン政権の２兆ドルのインフラファンドの一部はＥＶインフラ整備などカーボンニュートラル対応にあてられ、次の金脈に向けてスタートアップ業界も動きだしている。

BCGの調査では、ベンチャーキャピタルによる気候関連技術への投資額は、2013年の4億1800万ドルから2019年には163億ドルへと急増し、すでにさまざまなアプローチで気候関連の投資を行うファンドが75超あることが明らかになっている。[注1]

出口市場の拡大も加速している。市場調査会社大手のIHS社によるバッテリー電気自動車（BEV）市場の見通しは、この1年間で見立てが大きく上方修正された。2025年時点の欧州の大手OEMのEV販売台数は、2021年7月の見通しでは2020年12月時点の予測の1・5〜2倍の数字に更新されている。市場の急拡大はBEV市場に部品や素材を提供するプレイヤーの事業計画に大きなインパクトを与えている。

一方で産業財業界の各社は脱炭素化への対応の難しさも感じ始めているのではないだろうか。カーボンニュートラルへの動きが不可逆的な変化であることは認識しつつも、自社の脱炭素化戦略を考えるうえでの前提条件には不確実性の高いものが多い。排出削減に向けてどの程度の投資をコミットし、どれくらいアグレッシブな目標設定を行うべきか、規制動向、顧客の要請、競合動向、資本市場の声、技術の進展など、いくつもの変数の動きを注意深く見ながらの舵取りが求められる。

ものづくりからデータソリューションへ

2つ目の構造変化はデータソリューション化への流れの加速である。2021年前半の大きなニュースの1つは日本を代表する製造業企業である日立製作所とパナソニックの2社がそろって米国のソフトウェア企業の買収を発表したことではないだろうか。これは2007年のiPhone登場以来、一貫して進んできたコンシューマーエレクトロニクス業界の水平分業化の波がいよいよ産業財分野にも押し寄せていることの1つの表れといえる。両社の思惑は異なるが、製造業の価値が、より良いものづくりの価値から、ハードとOT（制御技術）とITを融合したデータソリューションが生み出す顧客価値へ大きくシフトしていくことを睨んだ動きである点は共通であろう。

米国のスタートアップ業界に目を転じると、2020年秋にもう1つの象徴的な出来事があった。クラウド上のデータウェアハウスを運営するスノーフレイクが上場し、初値において7兆円を超える時価総額をつけたことである。広く認知されているB2C向けのデジタルサービスではない、B2B（企業）向けのデータウェアハウス事業を提供するスノーフレイク社の上場が2020年における最大規模のIPO案件となったことは、産業財を含む事業会社のデータ活用やビジネスのデータソリューション化が次のステージに突入したことを示唆している。

もちろんデジタル化や製造業のデータソリューション化とひとことでいっても、業界・事業・製品によって進展の規模や時間軸は大きく異なる。筆者が担当する化学品業界だけを見てもデータ活用が既存事業に破壊的（disruptive）な影響を与えるか否かは数十ある製品セグメントにより相当なばらつきがある。しかし、大局的に捉えればアップルがiPhoneを世に送り出してからコンシューマーエレクトロニクスの世界で一貫して進んできたソフトウェア化・水平分業化の波、またその後セールスフォース・ドットコムの誕生以来、加速してきたＩＴのＳａａＳ（Software as a Service）ビジネス拡大の波が産業財の分野にも着実に押し寄せているとみるべきではないだろうか。

加速する経営環境変化のスピード

3点目の構造変化は経営環境の変化スピードの加速である。この変化は先の2つの変化とは異なり、具体的な動きとしては見えてこない。しかし、産業財企業の経営者の方々との対話のなかで、環境変化の大きさと速さに戸惑う声を多く聞く。経営者の実感値には合っているのではないだろうか。

まず、インパクトの大きい変化の波が次から次へと押し寄せている。デジタル、カーボンニュートラル、米中の対立激化などに加え、新型コロナウイルスのようにまったく予期していなかった変化に突然襲われるケースもある。１つの波をどう乗り越えるかの道筋が見える前に次の大きな波がやってくるイメージだ。

また、市場の変化スピードが想定以上に速いというケースもある。前述した世界のBEV市場の成長速度は市場関係者が想定していたレンジを大きく上回っており、従来の事業計画の立て方では対応できなくなっている。経営の舵取りをさらに難しくしているのが、これらの構造変化が相互に影響し合うことだ。足元で製造業各社を苦しめている半導体不足はこの典型例で、複数の市場が想定以上のスピードで変化し、また複数の要因が重なることで大きな供給不足を引き起こしている。

変化が大きく、かつ加速する経営環境のなかで企業としての先見性と対応力をどうやって高めるのか、企業の経営力が問われている。

産業財企業が競争優位性を高めていくためのカギ

中長期の競争優位性を高めるために産業財業界の企業は２０２２年、何に取り組むべきか。私たちは多くの企業にとって2つの取り組みが重要だと考える。1点目は「コーポレート機能の再定義」、2点目は「事業ポートフォリオの絞り込み」である。ここからは、この2つの点について順番に論じたい。

コーポレート機能の再定義

まず1点目はコーポレート機能の再定義である。本社のあり方、コーポレート機能の設計などの経営テーマはこれまでも多くの企業で議論されてきており、「何を今さら」とお感じになる読者の方もいらっしゃるかもしれない。しかし、「再」定義と記したとおり、昨今の経営環境変化を踏まえると、コーポレート機能のあり方を改めて問うタイミングに来ているのではないだろうか。

第1に、デジタル化の果実を刈り取るうえでは、購買、SCM、プライシング、マーケティングといった機能戦略が明確であることが重要になってくる。事業を複数持ち、日々のオペレーションは事業側が主導する企業であっても、自社の機能戦略にデータをどう活用して競争力につなげるのかといった問いは本社機能部門で検討すべきテーマである。

第2に、環境変化に伴い新しく求められるコーポレート機能もある。シナリオプランニングはその代表例の1つである。カーボンニュートラルの動向や地政学リスクが刻一刻と変化しているなか、今後の経営においてはシナリオプランニングを司る機能を本社組織に埋め込み、戦略策定にあたって常時活用していくことが必須となる。中期計画を策定する際にシナリオ的思考を導入する、というレベル感では変化の先読みと迅速な対応が難しくなっている。

産業財分野の日本企業には事業サイドが強い企業が比較的多く、「小さな本社」という言葉をよく耳にする。少数精鋭で効率的であることは非常に重要である一方、「小さな本社」を目指す結果、「弱い本社」になってしまっては本末転倒である。デジタル、サステナビリティ、地政学など、変化の大きい時代に自社の先見性と対応力を高めるコーポレート機能とはどうあるべきか、経営陣の間で議論が必要なタイミングではないだろうか。

事業ポートフォリオの絞り込み

2点目は事業ポートフォリオの絞り込みである。経営環境変化のマグニチュードの大きさやスピードの速さを考えると幅広い事業ポートフォリオを有するメリットよりも小規模の事業が分散しているデメリットの方が大きくなりつつある。どの程度の幅を持たせるのが最適かは企業によって異なるので一般化はできないが、現在の事業ポートフォリオをどう絞り込むかを積極的に考える姿勢は従来以上に重要になりつつある。なぜそう考えるのか。

1つ目の要因としてデジタル化が挙げられる。デジタル施策の投資リターンは個の事業規模（企業規模ではなく）の大きさによる部分が大きく、一定以上の事業規模を確保することが重要になる。加えて日本企業のデジタルトランスフォーメーション（DX）における最大の悩みはデジタル人材の不足である。事業ポートフォリオが分散していると、同じ成果を得るためにより多くのデジタル施策を推進する必要があり、DXを加速するうえでデジタル人材不足がボトルネックになる度合いが高まる傾向にある。また毛色の異なる事業が複数あると、自社にとってのDXを経営陣が理解・定義することと自体が難しくなる。

2つ目の要因は製造業のデータソリューション化により、産業財の企業は製品売りからのビジネスモデル変革を求められていることだ。ビジネスモデル変革を成功させるには長期にわたる投資が必要で、新しく獲得した組織能力を統合する作業も組織への負荷が非常に大きい。また、人材の面から考えるとビジネスモデル変革の道筋を描くことのできるビジネスプロデューサー人材は最も希少なリソースである。人・カネの両面から幅広い事業で満遍なくビジネスモデル変革に挑戦できる企業は少ないのではないだろうか。

3つ目はサステナビリティの動向である。カーボンニュートラル対応やサステナビリティ・マネジメントは企業の固定費増加につながる。代表的な例はLCA（ライフサイクルアセスメント）規制で、データ整備、計算ロジックの策定、システム化、継続的なモニタリングなどで人件費、外部費用が発生する。事業規模にかかわらず一定のコストがかかる以上、事業規模の大小が企業の収益力を左右することになる。

日本の産業財企業の多くは事業ポートフォリオ再編の必要性を感じている。だがそれが難しいのは、なぜ再編が必要か（WHY）や、ポートフォリオ管理をどうやるか（HOW）が共有できていないためではないことが圧倒的に多い。目詰まりのポイントはポートフォリオに「成長事業」がないことであり、そのために再編に向けた具体的な一歩が踏み出せないのだ。

次にこれらの課題にどう取り組むかについて論じたい。

2つの課題への取り組みの進め方

事業を出発点にコーポレート機能を再定義する

経営環境変化を踏まえ、産業財の企業はコーポレート機能をどのように再定義するべきか。製造業のコーポレート機能は以下の3つのグループに大別できる。

①ファイナンス・HR・IT・法務など、すべての企業に共通の間接機能
②R&D・生産技術・設備技術・調達・サプライチェーン・品質保証・マーケティングなど、より事業活動に近い機能
③デジタル、サステナビリティなど、比較的最近、必要性が高まってきた機能

コーポレート機能の再定義をするうえでは、3つのグループの違いを認識することが重要である。出発点となるのはやはり事業である。経営環境が大きく変わるなか、顧客の購買判断基準(Key Buying Factor)はどのように変わるのか、自社の競争優位はどのように変化するか、事業リスクへの対応力を高めるためには現状何が足りないのか、もし新しいビジネスモデルに挑戦するのであればバリューチェーン全体をどのように見

直す必要があるのか——などの問いからスタートする。これら事業サイドの要件に、従業員・投資家といったステークホルダーからの要件を組み合わせたものが検討の出発点となる。

コーポレート機能を再定義するための「要件」を明らかにした後、事業活動にもっとも近いグループ②の検討を先行させる。一例はサプライチェーンマネジメントだ。産業財分野で複数事業を持つ日本企業のなかにはサプライチェーンを担う組織が事業部門内に置かれ、本社にサプライチェーン全体を統括する組織が存在しない企業も多い。日々の需給調整や生産計画の判断などは顧客に近いところで行う、というのは欧米企業でも一般的である。一方で、欧米の先進的化学企業などでは事業・地域を束ねる本社サプライチェーン部門を置き、この組織がコロナ下のネットワーク再構築、サステナビリティ・マネジメントへの対応指針の策定、重要なサプライチェーンリスクの特定、デジタルプロジェクトのポートフォリオ管理などを行っている。

事業側に置かれたサプライチェーン組織が日々のオペレーション上の判断に追われ、サプライチェーンマネジメントの難度と重要性が高まるなか、中長期の目線でサプライチェーン戦略を考える本社の役割の重要性が高まっている。

グループ③のデジタル/サステナビリティなどの比較的新しい機能のあり方につい

ては現在多くの企業が模索している最中ではないだろうか。ここでのポイントは事業部門、機能部門（グループ②）、デジタル／サステナビリティ組織（グループ③）の三者の役割を明確にすることだ。

デジタルを例にとれば、自社にとってのDXの全体像を描きつつある企業も多い一方で、この三者の役割や連携方法が明確な企業は少ないように思う。データを活用した新規事業開発は事業部門と本社デジタル組織のどちらで進めるのか、化学／素材企業のマテリアル・インフォマティクスを進めるうえでR&D部門とデジタル組織はどのように役割分担するのかなど、丁寧な仕分けが求められる。

最後に、グループ①財務・人事・ITなども役割の再定義が必要だ。経営環境変化の大きさを考えると産業財の企業は、今後全社レベルの変革を継続的に行っていく必要がある。変革を支えるうえで戦略的な人事機能は扇の要であり、他機能に先行して役割の再定義と機能強化が進まないと、企業全体の変革のボトルネックになってしまう。具体的には組織カルチャーの体系化と社内への浸透への貢献、タレントマネジメントおよび事業部門から信頼されるビジネスパートナーとしての機能などは欧米ベストプラクティス企業との比較でギャップが大きい傾向にある。

再定義における2つのポイント

企業はコーポレート機能の再定義という難題にどのように取り組めばよいのか。ポイントを2つ提示したい。

1つ目は経営リスクを起点に考えることである。経営環境の変化に伴い、自社が中期的に目指す姿に到達できなくなるリスクシナリオを特定し備える。既存事業がリスクにさらされるケースもあるだろうし、見込んでいる成長機会を取り込めない「チャンスロス」も含まれる。

2つ目は先進事例のベンチマークから学ぶことである。もちろん同業界の先進企業から学ぶこともできるが、ここではあえて他業界の事例から学ぶことをお勧めしたい。製造業のデジタルソリューション化が進むなか、産業財の企業はSaaSの業界からカスタマーサクセスというコンセプトと機能について多くを学ぶことができる。

SaaS企業にとってカスタマーサクセスという組織は最も重要な機能の1つで、ひとことでいうと、自社の製品・サービスを使って顧客に成果が生まれていることを担保する役割を果たす。SaaS企業は自社のソフトウェアの利用状況をリアルタイムで計測できるため、顧客にとっての成果を定量的に把握し、自分たちの貢献を確認し、同時に顧客に対して価値の見える化を行っている。産業財の企業もモノ売りから、データソリューションへ事業モデルを転換するなか、先行業界から学ぶという姿勢が求められる。

ポートフォリオ再編の近道は成長事業を見出すこと

逆説的に聞こえるかもしれないが、日本の産業財企業の事業ポートフォリオ再編を加速させる一番の近道は成長事業を見出すことだと考えている。多くの企業と議論するなかで、事業ポートフォリオ再編については、方法論がわからないのではなく、今後の事業ポートフォリオの核となる成長事業が定まらないために、キャッシュカウ事業や課題事業にメスを入れられずにいる、というケースの方が圧倒的に多い。

オランダの化学品大手企業のＤＳＭは数十年にわたりポートフォリオを変革してきたが、近年急速にニュートリション（食品、製薬および飼料などに用いる栄養素）分野への注力とマテリアル事業の再編を進めている。しかし、これはビタミン素材から参入し、より川下の栄養ソリューション事業へ進出し、メガトレンドと自社のパーパス（存在意義）に合致した成長領域を掘り当てたからこそとれる戦略だといえる。では、どう成長事業を見出し、ポートフォリオ変革を進めるのか。３つのポイントを提示したい。

出発点として、現行のポートフォリオ戦略を客観的な視点で見直すことが必要だ。柱

図表1 成長事業を欠くポートフォリオの悪循環

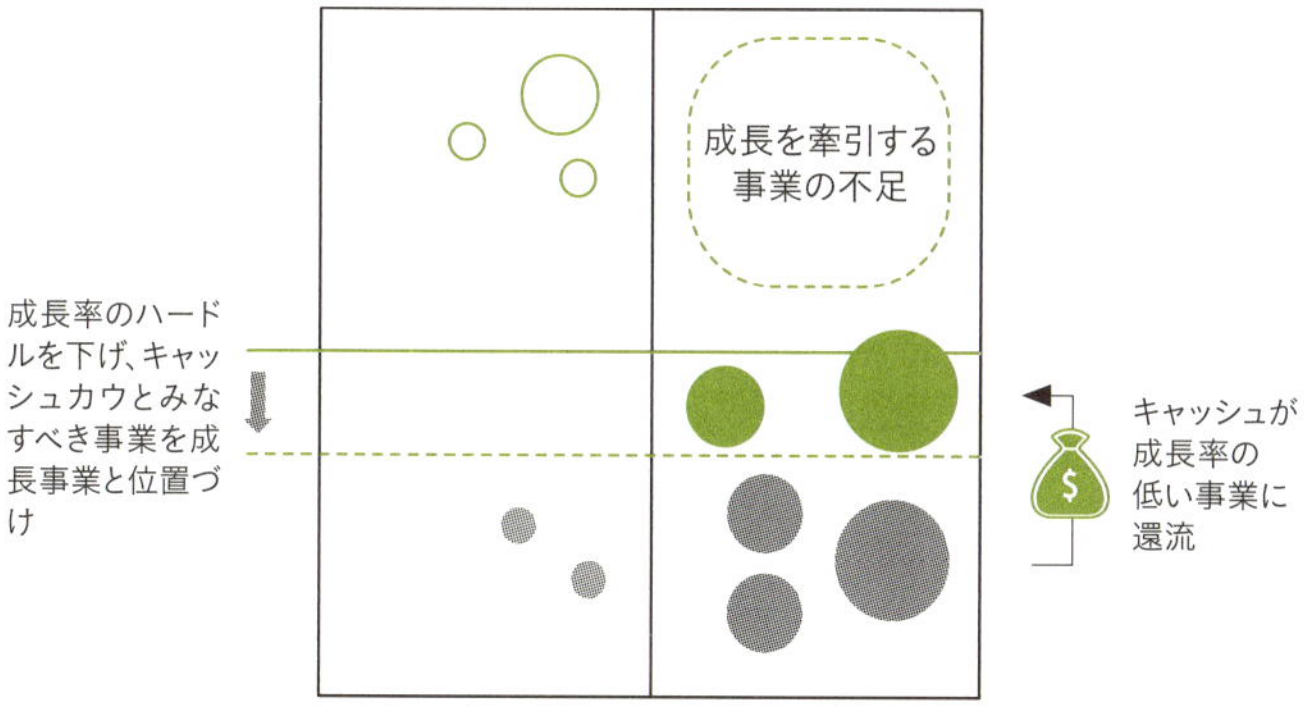

となる成長事業を欠く企業のポートフォリオ戦略を見ると、キャッシュカウ事業が成長事業と位置づけられているケースが多く見られる(図表1)。自社内では相対的に成長が見込める事業なのであろうが、本来キャッシュカウ事業として運営すべき事業にこれを許すと複数の歪みが生じる。設備投資、研究開発投資が過剰になり、プライシング戦略でも収益最大化ではなくシェア最大化を目的にした値づけになってしまう。結果、本来成長事業をつくるために投資すべきキャッシュが回らなくなり、いつまでも「相対的に」成長している事業に依存するポートフォリオから抜け出せない。自社には成長の柱となる事業がないという現状認識に立たないとポートフォリオの変革は

進まない。

次に、創出したキャッシュをどこに振り向けて成長事業をつくるのか。成長戦略の切り口はさまざまだが、ここでは3つのパターンをご紹介したい。

1つ目のパターンは、領域を絞りM&A巧者になって成長を実現する手法である。米国の機器製造大手のダナハーは過去40年で数百件の買収を行い、1980年代に構築し磨き上げてきた「ダナハー・ビジネス・システム（DBS）」という経営手法で買収先の業績を向上させている。ダナハーは単一の領域で展開する企業ではないが、対象とする事業はDBSにより成長と収益改善が見込めるビジネスを選別してきた。具体的には長期的な成長見通し、業界再編の可能性、対象企業の競争ポジション、収益性の改善余地、グローバル展開の余地などをM&Aの段階で精査している。

2つ目のパターンは自社の製品群を起点にソリューション事業へビジネスモデルの転換を図る手法である。ノルウェーのヤラの出自は肥料メーカーであるが、現在は農作物の栄養に関連した製品、ソリューション、ナレッジを農家・食品会社に提供する企業となっている。一例として衛星技術を利用して、世界中の農家が収穫量と品質を最適化し、廃棄とコストを最小限に抑えられるよう支援するソリューションを提供する。現在、農業ソリューション分野は複数のソリューションやアプリを提供する事業ポートフォリオを組むまでに成長している。

3つ目のパターンはコモディティ事業を通じた成長である。日本企業は一般的にコモディティ事業で成長を続けることがあまり得意ではない。信越化学工業の塩ビ事業は例外的な成功例の1つである。信越化学の北米子会社シンテックは徹底したローコスト構造、フル生産、全量販売、原料からの一貫体制という勝ちパターンを確立し、コモディティ事業と思われる市場で確実な収益と成長を実現している。今後カーボンニュートラルに向けて顧客が素材を選定する基準も見直される。機能、コストに加えて3つ目の軸としてCO_2排出負荷や、リサイクルといった判断軸が加わるなか、自社のポートフォリオのうち事業環境が好転する事業はどれかを点検するタイミングを迎えている。

企業の経営の根幹である事業ポートフォリオについて、どの程度の幅を持たせることが最適か、一律の解は当然ながら存在しない。10年前に比べれば日本の製造業のポートフォリオ再編が進んだことも事実である。またソニーのように多角化した事業ポートフォリオで変革に成功した例も存在する。それでも、日本の産業財分野を俯瞰すると、企業規模に比して事業ポートフォリオの幅が広いと感じる企業は非常に多い。日本企業同士の統合や事業スワップを通じて業界再編とポートフォリオの絞り込みが進み、日本の産業競争力が高まることを切に願っている。

経営リーダーとして必要なアクションは何か

事業環境が非常に速いスピードで変わるなか、経営リーダーには何が求められるのか。ひとつは危機感の醸成である。本章で論じた構造変化への対応において、日本企業は残念ながら欧米企業に比して出遅れており、早急な巻き返しが必要だ。時間は限られている。しかしながら、底流にある構造変化が5年後にもたらすインパクトは個々の従業員からは見えづらく、ドラスティックな変革を受け入れるに足る危機感は共有されていないケースがほとんどだ。経営者は従来の売上・利益といった指標に加え、中長期の競争力の観点で自社の立ち位置がどこにあるか、組織全体が正しく理解するためのモノサシを準備し、健全な危機感を醸成する必要がある。

もうひとつはビジョンを示し、語ることである。2022年に取り組むべき重要な課題としてコーポレート機能の再定義を挙げたが、その起点となるのは会社全体の変革ビジョンであり、CEOとCXOが自らリードする経営アジェンダである。また、経営トップが外部から優秀な人材を招聘する採用力も今後ますます重要で、そのためにも経営リーダー自らがビジョンを語れるかが重要だと考える。

次の10年は経営力と人材力の時代である。日本の産業財企業の多くがポートフォリオ変革とコーポレート機能の強化・再定義を達成され、その変革を通じてグローバルで戦えるタレントを獲得・育成されることを期待したい。

注1：ＢＣＧ論考「次世代の気候変動イノベーション」（２０２１年６月）

Chapter.

4

製造業（消費財）

「1つの地球に2つの世界」で変わる競争

Introduction 4

コロナ禍は社会のデカップリング（分断）をより深刻なものとした。あらゆる軸に広がった分断の末に、似た価値観を持つグループ、いわばトライブ（部族）がまだら模様に点在している。その反作用として、地球を１つとして捉えるサステナビリティへの意識も高まっている。これらが、消費財企業の競争のパラダイムを変え、これまでの勝ちパターンには修正が求められている。トライブ化による市場の再定義、それに基づくポートフォリオマネジメント、ビジネスモデルの変革に加え、サステナビリティを競争の軸に加えることが、日本の消費財メーカーが再び輝くためのカギになるだろう。

Author

森田章 Morita, Akira

ＢＣＧマネージング・ディレクター＆パートナー

慶應義塾大学理工学部卒業。同大学大学院理工学研究科修了。ＩＴ関連企業の起業・経営、外資系コンサルティングファームを経て現在に至る。ＢＣＧ消費財・流通・運輸プラクティスの日本リーダー、マーケティング・営業・プライシング・プラクティスのコアメンバー。共著書に日経ムック『ＢＣＧデジタル経営改革』『ＢＣＧが読む経営の論点２０２０』『ＢＣＧが読む経営の論点２０２１』日経ムック『ＢＣＧカーボンニュートラル経営戦略』（日本経済新聞出版）など。

コロナ禍の前から失速の兆候は見られた

まずはコロナ禍の前の時代を振り返ってみよう。かつて消費財業界は、投資家にとって最も魅力的な業界だったものの、近年凋落していた。2007年から2016年までの10年間における業界別のTSR(株主総利回り)[注1]を見ると、S&P500平均のTSRを100と置くと、FMCG(Fast Moving Consumer Goods:日用消費財)セクターは146であり、他のあらゆる業界を退け、トップに立っていた。ところが、2017年から2019年で同じように比較してみると、FMCGは65と平均を下回り、順位も7位に落ちている。

なぜ、消費財業界に逆風が吹いたのか。単純化すると3つの要素がある。1つは「新興国の需要の成長が鈍化したこと」だ。購買力は上がっていても人口増が緩やかになっていることが大きい。

2つ目は「小売業態の価格帯が分化したこと」だ。ディスカウンターやプレミアム業態が伸び、プライベートブランドも増えたことで、中間価格帯のボリュームゾーンをターゲットとした既存ブランドが相対的に弱くなっている。

3つ目が「規模の経済が効かなくなっていること」だ。デジタルメディアを活用すれば生活者に安価にリーチできるし、生産工場の稼働が余っていてファブレス（工場を持たない）化できるので、参入障壁は恐ろしく下がっている。EC（電子商取引）で売れた実績ができればリアル店舗も黙ってはいない。大量生産、マス広告、大量販売で効率を追求するだけでは、抗えない流れができている。

こうしたなかでも、持続的に高いパフォーマンスを発揮し、かつ近年の逆風にも失速しなかった企業は存在する。企業価値が80億ドル以上の企業80社ほどのうち、長期（2010年から2019年までの10年間）、近年（2017年から2019年）のいずれのTSRも15％以上（上位3分の1相当）を達成した企業は15社あり、日本企業では花王とコーセーが当てはまる。これらの企業の近年におけるTSRの中央値は21％で、その要因を分析してみると、「市場の成長」が9％寄与していて、「シェア向上」も同じく9％と、この2つでほとんどすべてを説明できる（図表1）。

これらの企業に特徴的に見られた「勝ちパターン」がある。1つは、競合よりも「市場の成長」の恩恵が大きい状態をつくるために「積極的にポートフォリオを見直し、追い風を受ける」ことだ。カテゴリー、ブランド、チャネル、地域といった軸で成長性の高いポートフォリオにするために、成長の見込めない事業資産は利益があっても思い切って売却し、成長の期待できる事業資産の買収に資金を循環させており、この「回

図表1 TSR上位の企業に見られた「勝ちパターン」

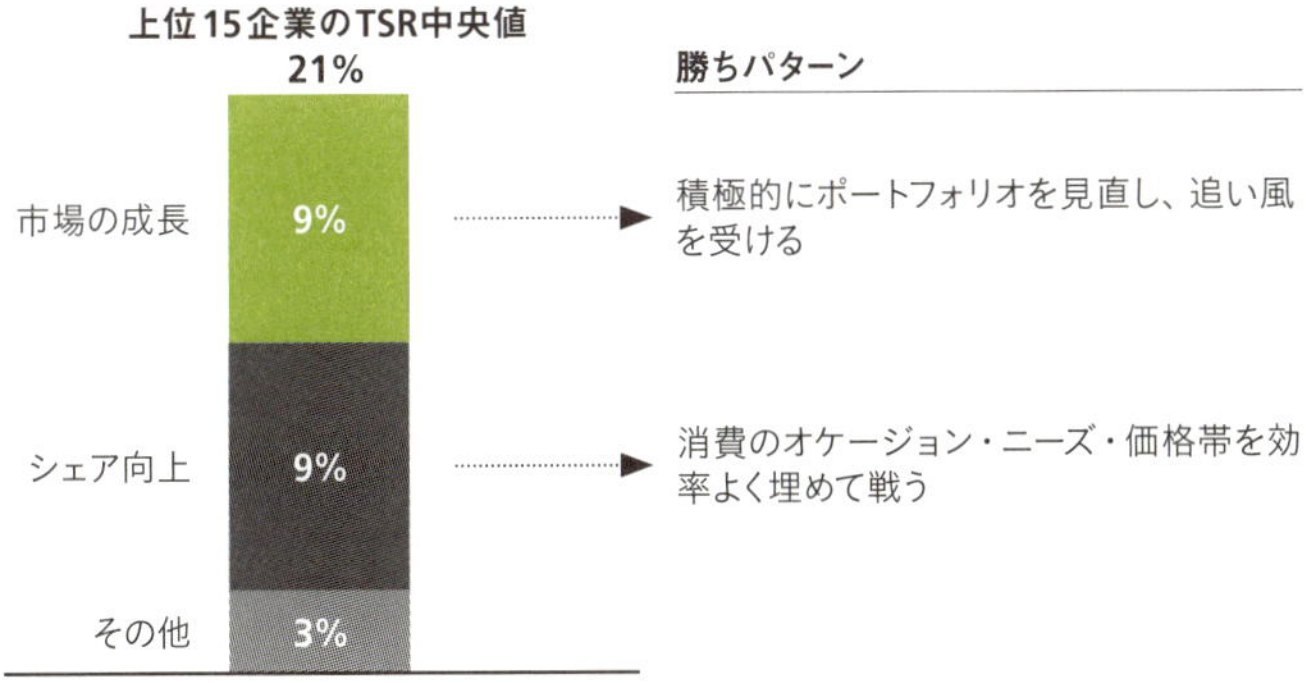

出所: Capital IQ、ボストン コンサルティング グループ分析

転率」が高い。

もう1つの「シェア向上」に向けては、「消費のオケージョン、ニーズ、価格帯を効率よく埋めて戦う」ことに長けている。年齢や性別で人をセグメンテーションするのではなく、同じ人でも多様な消費のオケージョンがあることに注目してそれを1枚のマップで俯瞰し、自社と競合はどこを押さえているか、これから成長が期待できるところはどこか、どのブランドで機能的・情緒的価値を訴求しオケージョン内のシェアをとるか、という視点がビジネスモデルの根幹として定着している。これらは現在でもおおむね有効だろうが、コロナ禍による生活者の変化を踏まえて、進化させる必要があるだろう。

コロナ禍がもたらした「トライブ化する社会」

コロナ禍はこれまでもあった格差をさらに拡大させ、デカップリング（分断）を深刻なものとしている。あらゆる軸で「1つの地球に2つの世界」が生まれているのだ。先進国ではワクチンの接種がいち早く一巡し、結果として力強い経済活動を再開しているところもあるが、これから接種が本格化する国における経済の先行きは見えない。ワクチンは米中が新興国を自らの陣営に引き込むための有力な外交ツールとなり、多くの国家はどちらにつくのかを迫られ、二極化がより進展した。テクノロジー、データを軸としたエコシステム、そしてサプライチェーンまでが2つに分かれていくだろう。

それだけではない。コロナ禍によって富の偏在は激しくなった。各国の財政拡大と金融緩和が常態化した結果として、あふれた資金が株価を押し上げ、持つ者と持たざる者の格差を広げたためだ。経済の二極化は、反エリート主義や大衆迎合主義を後押しすることにつながり、宗教や人種、世代、都市と地方に分断の軸を広げている。米国では、大統領選を通じ、勢力が拮抗した二大政党が深く分断していることが明るみに出た。若者はコロナ禍で就業機会が減り、対面を強いられるサービス業に就かざるを得ず、所得も上がらないという不満を抱えている。かつての経済成長によって「逃げ切った」高齢世代に怒りの矛先を向けているのだ。

分断の末に生まれたのは、似た価値観を持つグループがまだら模様に点在する世界だ。これを筆者は「トライブ（部族）化」と呼んでいる。コロナ禍によって生まれた余剰の時間を持ち、さまざまなストレスを抱え、在宅勤務で仕事とプライベートの境をなくして逃げ場を失った人々は、ネット上に居場所をつくり、トライブを形成している。ネット上では、自らに合う意見を多く目にし、自らに合うコンテンツが推奨されるので、その価値観はより強化され、時に先鋭化していくこともある。米国では、ロングセラーだったある商品名の由来が黒人奴隷だとする個人のSNSへの投稿が一気に広がり、100年以上続くブランド名の変更を余儀なくされたという例もある。

一方で、分断が深刻になればなるほど、人々はこれまで見過ごしていた課題に気づき、反省するという反作用も起きている。コロナ禍によって経済活動が止まったことが、逆に経済活動によって犠牲にしてきたサステナビリティを「自分ごと化」して捉えるきっかけをつくった。環境や資源など、あらゆる面で危機に瀕している事実を知ってしまえば、もはや経済成長のみを追い求めた過去の姿に戻ることはできない。多くの企業が、多様な人々にとっての求心力の源泉として、サステナビリティを前提とし、自社の歴史や強みを活かしてどのように社会に貢献するかをパーパス（存在意義）

図表2　トライブ化する社会が与える影響

トライブ化 ＝あらゆる軸で分断	❶ 市場を捉える枠組みの再考を迫られる ・価値観の異なる生活者のセグメントがいくつもでき、ブランドの支持・不支持が分かれていく
	❷ 強みとビジネスモデルの再考を迫られる ・規模の経済（大量生産・マス広告・大量販売で効率を追求）の優位性が薄れる
その反作用 ＝1つの地球	❸ サステナビリティが競争の軸として加わる ・サステナビリティは「ルール」「ビジネスモデル」「パブリシティ」による競争戦略であることが本質

として結晶化しようとしている。

こうしたなかで、トライブ化する社会は、日本の消費財企業にとってどのような意味合いを持つのだろうか。ここには3つのポイントがあるだろう（図表2）。

①市場を捉える枠組みの再考を迫られる

トライブ化が進むということは、価値観が異なる生活者のセグメントがいくつもでき、自らのブランドを支持するトライブもあれば、支持しない、極端にいえば不買運動につながるリスクをはらんだトライブも存在するということだ。日本の消費財企業の多くは、国を軸に市場を考えてきた。新興国の市場成長に乗ることで日本の停滞をカバーするという考え方だけでは、次の成長が見込めないどころか、リスクにさらされていることにも気づけないのではないか。

② 強みとビジネスモデルの再考を迫られる

トライブはマスの明らかな反意語である。したがって、大量生産、マス広告、大量販売で効率を追求してきたトップメーカーの優位性はさらに薄れるだろう。スモールブランドのシェアは確かに過去から伸びてはいたが、大企業にとっては規模が違いすぎるために深刻な脅威として考えていないばかりか、ベンチャー企業の商品の真似をするくらいで、機会をうまく捉えられていない場合がほとんどだ。大企業の強みの再考、それに基づくビジネスモデルの進化を考えなければならないのではないか。

③ サステナビリティが競争の軸として加わる

サステナビリティの本質は「競争戦略」だ。欧州は厳しいルールを形成し、自分たちだけがそのルールを満たすビジネスモデルを構築し、戦略的にパブリシティをすることで、環境問題において「一日の長」があることを活かし、先行優位を確立しようとしている。日本企業はただでさえコロナ禍からの経済回復において後れをとっている状況で、官民、業界を超えて手を携え、迅速かつ効果的な対抗策を打てないとなると、取り返しのつかないことになるのではないか。

コロナ後の世界で競争優位性を築くには

さて、コロナ前の時代における勝ちパターンを、コロナ禍を契機にしたトライブ化の影響を踏まえ、どのように進化させるべきだろうか。まず、市場成長の追い風を受けるために、「①トライブを軸に成長するポートフォリオを組み立てる」こと、次にシェア向上に向けては、「②パーソナライズと規模の経済を両立させる」こと。そしてコロナ禍によって顕在化した「③サステナビリティを競争の軸に据える」ことを新たに加えた3点となるだろう（図表3）。

①トライブを軸に成長するポートフォリオを組み立てる

トライブを分ける軸にはさまざまなものがあるが、何が自社にとって重要なのかを見定める必要がある。市場成長の追い風を受けるには、やはり、顧客の数が増える、または1人あたりの消費量や購買力が高まる期待が持てるという観点が欠かせない。だが加えて、価値観だけでなくライフスタイルなども似通ったそれなりの規模の「カタ

図表3 コロナ後の世界で競争優位性を築くには

かつての勝ちパターン	＋ トライブ化する社会が与える影響	－ 新たな競争優位性を築くには
積極的にポートフォリオを見直し、追い風を受ける	市場を捉える枠組みの再考を迫られる	❶ トライブを軸に成長するポートフォリオを組み立てる
消費のオケージョン・ニーズ・価格帯を効率よく埋めて戦う	強みとビジネスモデルの再考を迫られる	❷ パーソナライズと規模の経済を両立させる
	サステナビリティが競争の軸として加わる	❸ サステナビリティを競争の軸に据える

マリ」を見つけることが大切である。国で市場を分けてから伸びる市場セグメントを考えると、どうしてもサブスケールになり、優先度が落ちてしまう。共通性の高いものはくくって意味のある規模にし、資源を集中できるよう、市場の捉え方の枠組みを変えることが成長につながるということだ。

わかりやすい例を1つ挙げてみると、「東南アジアの都市に住むZ世代（1990年代後半以降生まれの若者）」のようなカタマリだ。東南アジアは都市と地方で市場が分断されていて、所得の格差も大きい。100万人以上の都市に住む人口の比率は、2000年に29％だったのに対し、2030年には36％になるという国連の推計がある。さらには購買力の成長スピードも都市の方がより速い。Z世代は購買力が今後最も伸びるセグメントで、自分だけではなく、周りの家族や友人、そして社会を大切にし、調和を重んじる価値観を持つ。デジタルネイティブでもあり、SDGs（国連の持続可能な開発目標）ネイティブでもある。1つ上のミレニアル世代が、自分を軸に、自由に自己表現していくことを望むのとは対照的だ。

自社のポートフォリオが、こうしたトライブのなかでどう浸透していて、市場成長の追い風に乗ることができているかを定点観測するデータ、そしてポートフォリオを常に入れ替える、あるいは成長領域に経営資源を集中するような判断ができる仕組みを構築することが必要になるだろう。BCGでは、顧客インサイト・センターというチームが主要な国において都市別、年代別、所得別に購買状況を定点観測できる組織能力を持っており、利用している消費財企業も多い。

逆についても考える必要がある。すなわちリスクマネジメントの観点だ。米国では、どちらかの政党に偏っているとみなされれば、もう一方の側から不買運動などの攻撃を受けるリスクが高い。実際、民主党支持者が立ち上げたプログレッシブ・ショッパー（Progressive Shopper）というウェブサイトでは、企業による政治献金データを集計しており、民主党への献金比率が高ければ購入を推奨し、共和党への比率が高ければ他のものを購入することを勧めている。

いくつかの消費財企業は、リスクを未然に防ごうとしている。特定のトライブから攻撃される可能性のあるブランドはことが起きる前にリブランディングしたり、分断をあおるようなSNSへの投稿を放置しているとみなされること自体がリスクだとし、広告出稿を抑制したりする動きが見られる。

②パーソナライズと規模の経済を両立させる

人々はパーソナライズされた体験をすると、その体験を同じ価値観やライフスタイルを持つトライブに拡散する。そのトライブにいる人々がその人を見て真似したくなるので、消費が広がりやすい。トライブ化する世界では全体に対して最大公約数のメッセージを訴求するよりも、ある個人にとって心を動かすような体験を届けることがより有効になる。その一方で、モノづくりまでをパーソナライズすると、規模の経済が活きなくなり、大手消費財メーカーの強みが消える。

このジレンマに対し、大手消費財メーカーは悩んでいる。ベンチャーが成功させたブランドのコンセプトを大手メーカーがメインブランドのなかに取り込んでいく動きは見られるが、これでは結局、また新しいコンセプトが生まれ、ベンチャーに周辺市場を食われていくという流れを変えることはできない。

大手の消費財メーカーが考えるべきは、つくっているモノは同じ、あるいはさほどカスタマイズされていなくても、提供価値や体験がパーソナライズされていること。それにより、規模の経済を両立させるビジネスモデルへと進化させることではないか。

面白いヒントが隠されているのがワークマンだろう。作業服という製品自体は変えず、トレンドも追わず、高機能な製品を低価格で提供しているわけだが、いわゆる職人さん向けにとどまらず、使用する機会(オケージョン)が広がり、アウトドアを軸に新たな顧客層の開拓に成功している。その肝は、「生活者が用途を見つけている」ことだ。ワークマンには公式アンバサダーと呼ばれる、製品を紹介・発信したり開発へのアドバイスをしたりする人々がいて、バイクのライダー、キャンパー、猟師、釣り人など、実に多岐にわたる。それぞれが自分にとって良い使い方を発見し、発信している。

アンバサダーには新商品を提供することはあるものの、報酬は無償であるため、情報は客観的であり、それでいて想いを持った人も多く、その商品を使う意味を見出してわかりやすく伝えている。時には商品に対する改善を要望する。それに共感する人々がコミュニティとして集う流れができている。作業服というモノ自体は変えずにパーソナライズされた体験がトライブに広がっている好事例といえる。

多くの消費財メーカーにとって、メッセージや体験をパーソナライズしたくても、保有している顧客データはリーチが狭く、自社商品に興味を持っているか、自社のECなどで買っているかくらいしかわからない。これだけではさすがにどうにもならず、諦めてしまいがちだ。むしろ、ワークマンのようにアンバサダーを取り入れ、意味のあるトライブをネット上に形成し、そこからデータを取得する仕掛けをつくり、データを活用してメッセージや体験をよりパーソナライズしていく方が実践的なのかもしれない。いずれにしても、同じモノに対しても異なる意味を見出し、集うトライブを掘り下げていくことで、新たな需要を生み出す可能性があることは魅力的だ。

③サステナビリティを競争戦略の軸に据える

サステナビリティにおいて、多くの日本の消費財企業が立ち遅れていることは前述したが、こうしたなかで、日本の消費財企業が優位性を確保するために今こそ考えなければならないことを挙げたい。それは、①欧州主導の「ルール」に乗るものと、日本が独自に「ルール」を定めるものを峻別すること、②社会課題を解決する業界横断の「ビジネスモデル」（＝エコシステム）をいち早く確立すること、③生活者がサステナブルな商品を選択するような「行動変容」を促すこと、の3点だ。

ルールとビジネスモデルについてだが、まず、欧州主導でルールが形成されているとはいえ、すべてのルールが必ずしも国境をまたぐわけではないことに留意したい。例えば、カーボンニュートラルはすでに世界的な流れになり、自社で排出される以外のサプライチェーンにおける排出量（スコープ3）にいかに取り組むかが焦点になってきているが、食品メーカーにとってCO_2排出量の過半を占める「農業」を切り取ってみると、栽培される作物が国によって異なるので、ルールも国ごとに形成される可能性が高い。

次に、社会課題を解決するビジネスモデルに関して先進企業の事例を紹介したい。土壌を健康に保つことで、炭素を土壌のなかに固定化する再生農業が脚光を浴びているが、米国の農業系スタートアップ、インディゴ・アグリカルチャーは、CO_2の排出源である肥料や農薬の使用を減らすとともに、収量を増やす効果のある微生物でコーティングされた種子を農家に提供し、できた作物をマーケットプレイスでプレミアムをつけて販売している。加えて、削減したCO_2を他の企業にクレジットとして販売することで収益を得ている。こうした「ビジネスモデル」と「ルール」をセットにして、日本からアジアにいかに広げるかという発想が必要となるだろう。

また、行動経済学では環境に関する「行動変容」の研究が進んでいる。自分が環境にどのくらい良い、あるいは悪いことをしているかが見える状態で、環境に良いことを選ぶ選択肢があり、環境に良いものに対してインセンティブがあれば、人間の行動は変わるとされている。ショッピファイでは、ECにおける買い物について、家までの物流に伴うCO_2の排出量を見える化し、その排出をオフセットするための費用を決定し、請求している。この費用はカーボンクレジットを購入するために使用され、そのクレジットをもとに森林伐採防止のような排出量削減プロジェクトに投資される。

加えて考えるべきことは、優先順位づけである。つまり、サステナビリティのなかの「この領域で優位性を構築し、この領域については社会的に求められる水準を満たせばよい」、と決めるということだ。サステナビリティは前述のカーボンニュートラルに加え、食品ロス、プラスチック、人権など多岐にわたり、それぞれ論点が異なる。

食品ロスについては、一次産品から加工、小売、消費に至るまでのすべてのバリューチェーンで協働することが削減には不可欠だ。消費財メーカーは一次生産者との接点であると同時に、生活者との直接のつながりも持っており、影響力が大きい。

消費財メーカーにとっても学びが大きい例として、ポルトガルの大手小売、ソナエの例を紹介したい。ソナエは、農家と加工メーカーをつなぐマーケットプレイスを構築した。それにより互いの需要を把握でき、店頭では販売できない農産品をジュースに加工したり、脱水して粉末にしたりできるような流通構造をつくり上げた。農家が農産物の廃棄を減らし、より多くを活用することができるようになれば、結果的に農作物の価格も下がるため、ソナエにとっても調達価格が下がる利点があるし、加工メーカーにとってもビジネスになる。このように、全体に利点があるような関係性をつくれるかがポイントだ。

プラスチックについては、使い捨てプラスチック包装・容器を2040年に全廃する政策目標を掲げているフランスのような国がある一方で、日本はインパクトのある施策を打ち出せていない。ある欧米の消費財メーカーは「電子透かし」と呼ばれるパッケージの表面に目に見えないコードを印字し、使用しているプラスチックの種類、多層構造になっている場合の組成、食品用と非食品用などの情報を載せ、分別を容易にし、リサイクルのコストを下げようとしている。また欧米では、拡大生産者責任、すなわち容器を使って事業活動をしているメーカーが、使用後の回収、分別、リサイクルの段階まで責任を持って費用を負担すべきだという考え方が浸透している。

リサイクルのコストをメーカーが負担するようになれば、コストを下げた欧米の消費財メーカーが先行者優位に立てるという算段だ。日本でも「アールプラスジャパン」のような日の丸連合ができつつあるが、どう対抗できるかが論点だ。

人権については、新疆ウイグルにおける綿の問題が有名だが、国内にも目を向ける必要がある。米国務省は日本の外国人技能実習制度を「外国人労働者から搾取するために悪用し続けている」として問題視している。本来は技能を学んで帰国してもらうという主旨だが、実際は1つの工場で3年働き、職場移動に自由がなく、最低賃金が支払われていないケースも多いとされている。

大企業の人権意識が高まり、取引先である中小企業による外国人労働者からの搾取を禁じる動きが本格化すれば、事業として成立しない中小企業も出てくるだろう。ただ、これは裏を返せば、違法な低賃金でしか事業が成り立たない企業が数多く存在してきたということであり、過去20年にわたり日本の生産性が高まらなかった大きな要因の1つでもある。こうした複雑な問題にどこまでメスを入れるのかが本質的な論点だ。

リーダーは自らをどう変革すべきか

さて、勝ちパターンに進化が求められるなかで、求められるリーダーシップのあり方も変わってきており、あらゆるリーダーにとって大きな変革が必要だ。特に3つの意識と行動の変革が不可欠だろう。

①速やかに大胆な判断をする勇気を持つ

予想もできない脅威を目の当たりにしたとき、平時とは異なるリーダーシップに切り替えられるかが重要だ。コロナ禍では、もはや役に立たないルールではなく、原理原則に従って、勇気を持って大胆な判断をし、その責任を明らかにしながら、透明性の高いコミュニケーションをし続けたリーダーが賞賛された。ニュージーランドのジャシンダ・アーダーン首相がコロナ禍の初動で見せた動きは、まさにそうしたリーダーシップが発揮されたものだった。コロナ禍による分断は深刻化していて、先鋭化したトライブは別の火種を生んでいる。それがまったく予想できない形で顕在化するかもしれない。

②ものごとの意味を見出し、伝える

多くの人々にとって、求心力は「意味があるかどうか」に移ってきている。トライブは、言い換えれば同じような意味を感じる集団であり、自分にとって意味のある用途が見つかれば、それが新しい消費を生むきっかけとなり、同時に決め手ともなる。消費財企業のリーダーとしては、それを見出し、伝えることができるのかがより重要な能力になるだろう。また、従業員にとっての働く意味は、社会・サステナビリティへの貢献により重きが置かれるようになっている。これを包含した、企業として事業に取り組む意味、すなわちパーパスを見出し、伝えることが組織の求心力につながる。

③ あらゆる垣根を壊し、新しいエコシステムをつくり出す

サステナビリティは競争戦略の軸だが、その競争相手を巻き込まないとインパクトが出ない。消費財メーカーにとって、小売は条件交渉をする相手だったが、手を携えて課題に立ち向かわなければならない。そして、政府を動かさないと、ルール形成において不利になっていく。境界線を壊し、利害の対立を乗り越え、新たなエコシステムをつくって、大きな志を成し遂げるという、トライセクター（民間・公共・社会の垣根を越える）の強力なリーダーシップが不可欠になっている。

2022年、立ち遅れた日本の消費財メーカーが、どこまで巻き返し、再び輝きを取り戻すことができるのか。志あるリーダーの皆さまとともに歩んでいきたい。

注1：企業価値創造の測定指標。ある一定期間における配当と株価の値上がりの総利回りで、株主にとっての投資収益性を示す。高いほど投資に対するリターンが良い。

小売

新興勢力との差別化で勝利するカギ

Chapter.

5

Introduction 5

コロナ禍による消費者の購買行動の変化によって、デリバリーやＥＣが大きく伸長し、既存の小売企業は、新興のゲームチェンジャーと差別化できるバリュープロポジション（価値提案）の再考を迫られている。

本章では、小売業界が直面する環境変化とパラダイムシフト、それを踏まえて小売企業が競争優位性を高めるためのカギをご紹介する。そのうえで、期待される新たなビジネスモデルと企業に求められる取り組みについて考察したい。

Author

内藤純 Naito, Jun

ＢＣＧマネージング・ディレクター＆パートナー

東京大学法学部卒業。ソニー株式会社、株式会社ファーストリテイリング、外資系コンサルティングファームを経て現在に至る。ＢＣＧ消費財・流通・運輸プラクティス、およびオペレーションプラクティスのコアメンバー。

共著書に日経ムック『ＢＣＧカーボンニュートラル経営戦略』（日本経済新聞出版）。

小売業界が直面する5つの環境変化とパラダイムシフト

２０２０年から２０２１年にかけて、コロナ禍によって消費者の行動は大きく制約された。２０２２年にはその制約は緩和されるとみられるものの、コロナ禍を通じて変化した消費者の購買行動がコロナ以前に戻ることはない。消費者との直接の接点を持つ小売業界はその影響が大きい。ここでは小売業界が直面する５つの環境変化とパラダイムシフトについてご紹介したい。

①デリバリー・ECの台頭により、小売店舗の距離・品ぞろえの優位性が希薄化

コロナ禍による外出規制は、消費者の購買行動を変化させ、小売の利用形態も変わった。店舗への来店頻度が減少する一方、来店時にまとめ買いする傾向から客単価は上がっている。リモートワークの浸透により、駅前やオフィス街の客数は減少し、従来は好立地といわれていた店舗は苦戦を強いられている。また、休業や時短営業を余儀なくされた外食を中心にデリバリーが急成長し、以前からEC化率が高かった家電・書籍以外の分野、たとえば衣料・食品などでもＥＣの浸透率は大きく向上してきた。

これらの変化は、小売業界にとって、「消費者に店舗へ来てもらうことが当たり前」

図表1　デリバリー・ECの台頭による小売店舗の優位性の希薄化

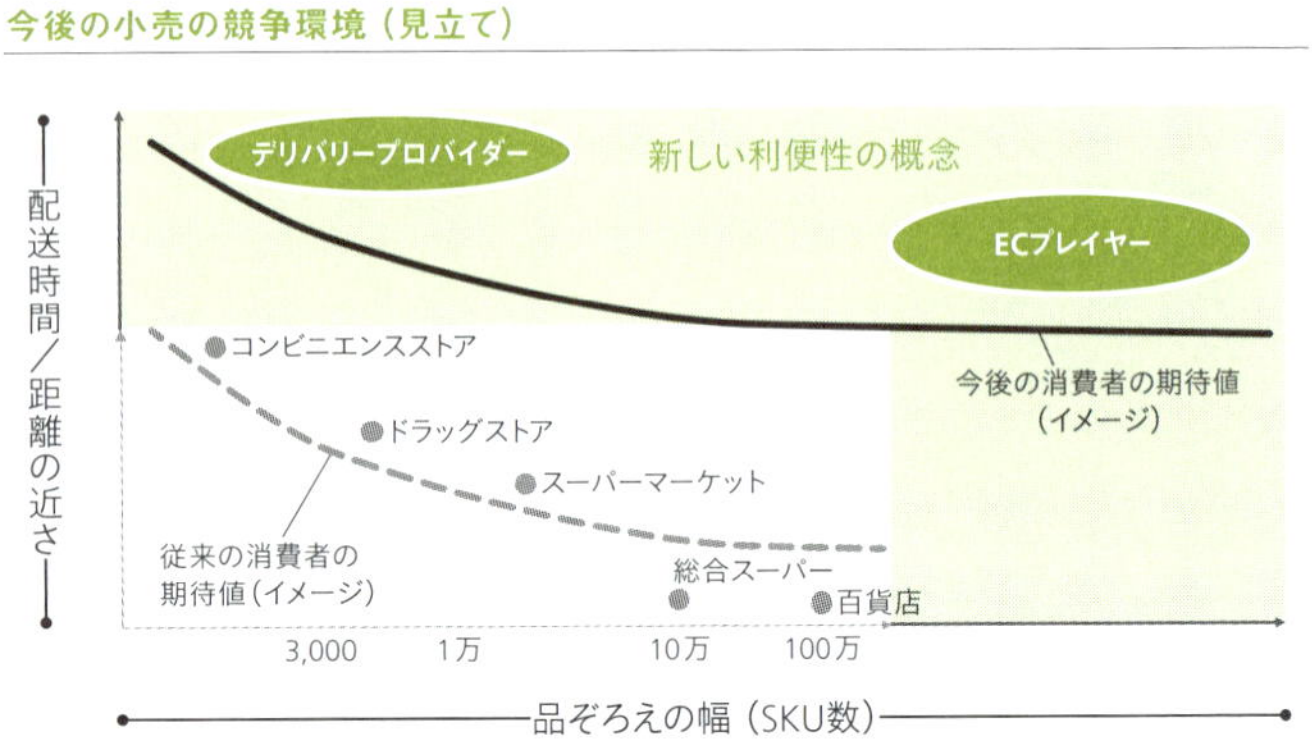

出所：ボストン コンサルティング グループ

という概念が大きく変容したと捉えるべきだろう。これまでの小売業界は、各業態が距離と品ぞろえの間にそれぞれトレードオフがあるなかで、ある種のすみ分けをしていた。品ぞろえには限界があるものの圧倒的な距離の近さと利便性を提供するコンビニエンスストア、近さでは劣るが一定の品ぞろえと価格で勝負するスーパーマーケットやドラッグストア、豊富な品ぞろえを提供するGMS（総合スーパー）・百貨店・家電量販店といった具合だ。一方、コロナ禍を受けて台頭したデリバリーは配送時間の短さで距離を、ECプレイヤーは購入頻度の少ない商品まで用意したSKU（在庫管理の最小単位、品目）

で品ぞろえを克服し、既存小売の優位性の概念を変えつつある（図表1）。

海外では、中国・東南アジアを中心に、ウィーチャット、アリペイ、グラブ、ゴジェックなどの企業がメッセージング、決済、配車サービス、デリバリー、その他サービスなどの機能を取り込んだ「スーパーアプリ」を提供し、顧客接点を面で捉え、伝統的な小売から近代的な小売への変化を先進国とは異なる形で加速させようとしている。日本でも、配送拠点から家庭までのラストワンマイル配送がさらに発展する場合には、デリバリー・EC専業プレイヤーと既存小売の間で業態をまたいだ顧客接点の争奪戦が生じ、従来型の店舗専業小売が顧客を失うゲームチェンジが起こる可能性がある。

②既存のコスト構造を前提とした店舗運営の限界

小売企業の現在の店舗運営は、パートタイムや外国人労働者などの安価な労働力に支えられている場合も多いだろう。しかし、2050年にかけて国内の生産年齢人口は3割程度減少し、最低賃金が政府主導で上昇することが見込まれるなか、他業種と比べて有効求人倍率が高い小売企業は労働力の確保が難しくなると予想される。コロナ禍を受けて当面外国人労働者が増えないことに加え、安価な労働力の担い手であるアジア諸国との賃金水準ギャップが縮小することで、海外からの労働力確保が期待しにくく、その難度はさらに高まる。

また、物流コストも中期的には上昇が続くだろう。直近はコロナの影響で製造業・サービス業の雇用が止まり、その受け皿として物流に人が流れ込んだものの、多頻度・小ロット化による積載効率の低下、ドライバーの高齢化、なり手不足の構造は今後も続き、物流における人件費は今後10年で3割程度増加することが見込まれている。

このように、小売の店舗オペレーションや物流を支える人件費の高騰によって利益は圧迫される。その構造にどのように備え、どのような事業モデルで対応するかについて検討を深めることが求められる。

③ 地域拠点維持の限界と新たな機会の登場

コロナ禍によるリモートワークの浸透によって働き方が多様化し、生活拠点を郊外に移転させる動きが着目された。数十年の時間軸で人口動態と地域別分布を俯瞰して捉えると、(a) 高度な都市機能が提供され、「スマートシティ化」によって生活の利便性が向上する大都市およびその周辺都市、(b)「コンパクトシティ化」によって機能が維持される地方中堅都市、(c) 人口減少・高齢化が進み、衰退に向かうその他の地域の3つに大別されていくだろう。

小売企業は、スマート化・コンパクト化によって利便性が向上する都市部において、変化する消費者ニーズにどのような店舗フォーマット・品ぞろえ・サービスで対応し、どのような役割を担えるのかを考える必要がある。

一方、衰退することが想定される地域においては検討すべき機会があることにも着目すべきだろう。商圏人口が減少することによって各拠点における事業運営を維持できなくなる他の小売企業や地方自治体が増えることが想定される（図表2）。これらのサービスが撤退することで、各地域に「サービス難民」が生じることをチャンスと捉え、自社がどのようなサービスを取り込むことができるか、それをどのような形で代替しうるかを考えることは、小売企業が環境変化を事業機会に転換するための切り口となるだろう。

④サステナビリティ関連の社会的責任への要請の高まり

エネルギー消費・脱炭素・環境への意識の高まりを背景に、国・投資家・消費者・従業員など多様なステークホルダーからサステナビリティの取り組み加速の要請が急速に高まっている。消費者の意識も変化しており、BCGが日本で行った調査では、お

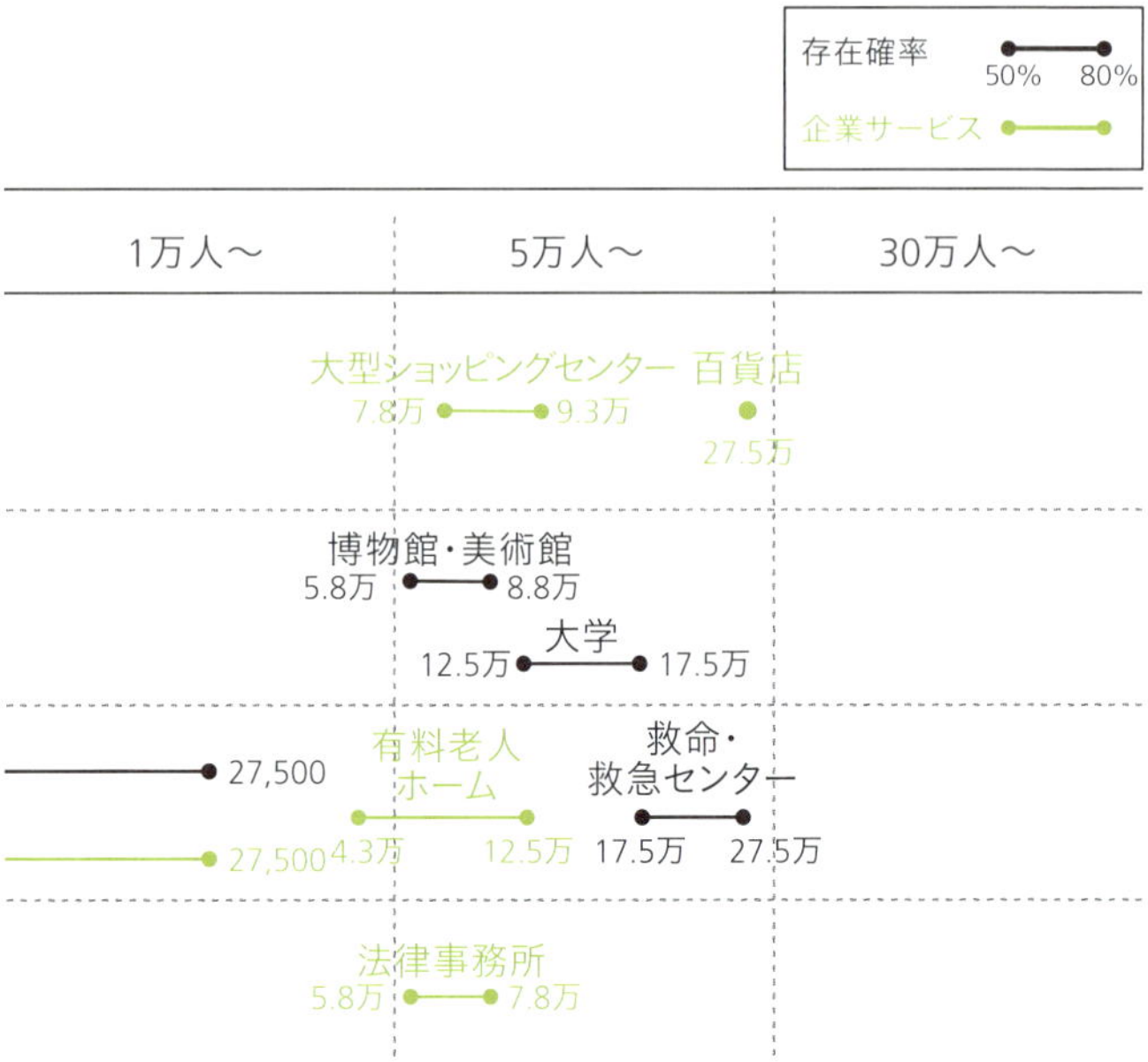
存在確率
50%
80%
企業サービス
1万人～
5万人～
30万人～
大型ショッピングセンター
7.8万
9.3万
百貨店
27.5万
博物館・美術館
5.8万
8.8万
大学
12.5万
17.5万
27,500
27,500
有料老人ホーム
4.3万
12.5万
救命・救急センター
17.5万
27.5万
法律事務所
5.8万
7.8万

図表2　消失する可能性の高い地域拠点・サービス

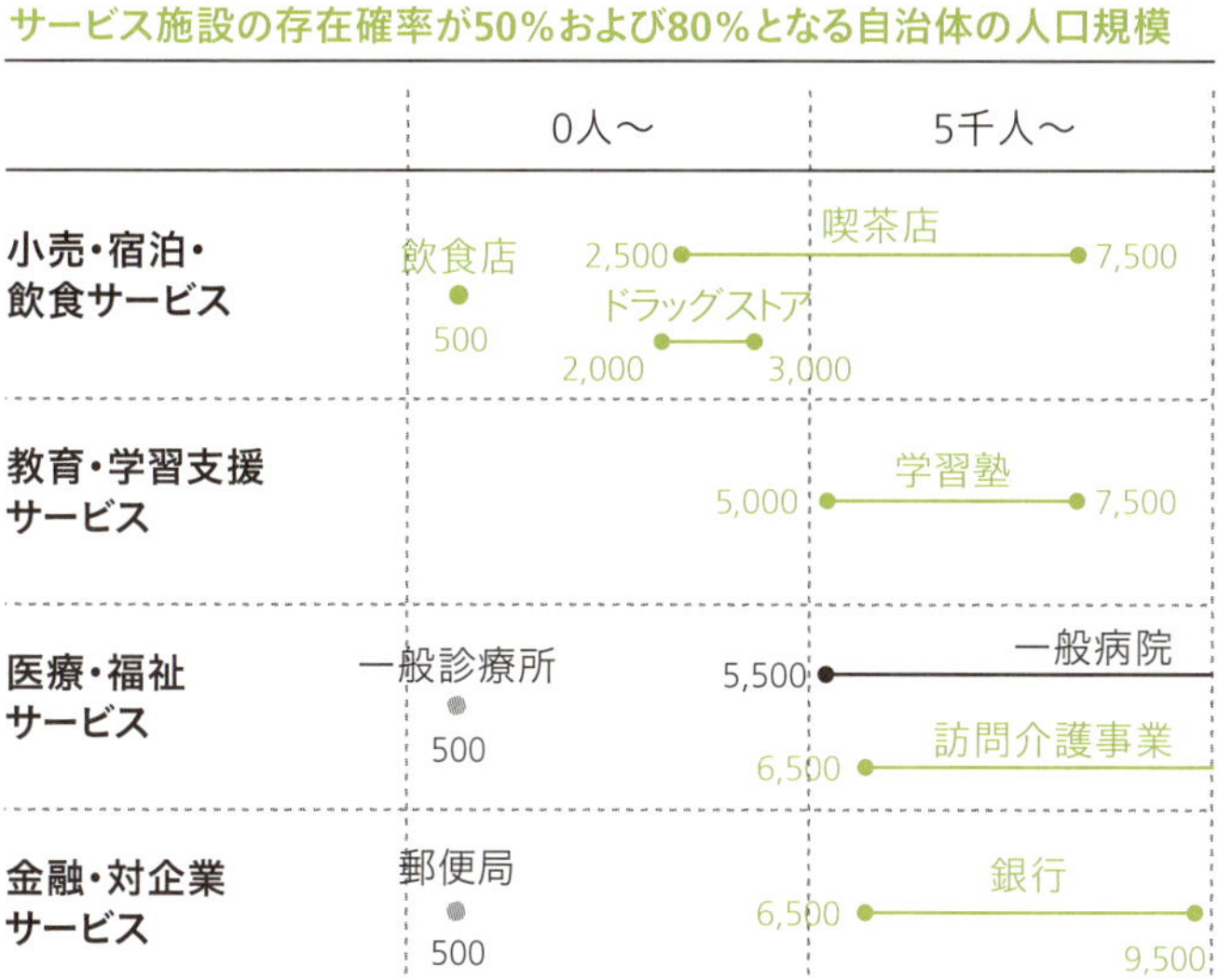

注：存在確率＝「一定人口規模で当該産業の事業所が存在する市町村数」/「一定人口規模の全市町村数」×100%。図中では、一定の人口規模の市町村のうち、当該産業の事業所が1つでも存在する市町村の割合が50%（左端）と80%（右端）を上回るような人口規模のうち、最も小さいものを表している

出所：国土交通省「国土のグランドデザイン2050」、国立社会保障・人口問題研究所「日本の地域別将来推計人口」

よそ3割の消費者が環境プレミアムを許容する（商品を選ぶ際、値段が多少高くても環境に配慮した商品を優先する）と回答しており、サステナビリティは消費者の商品選択の決め手にもなりつつある。

小売業界の活動が環境負荷に与える影響は大きく、主要な製品カテゴリーのサプライチェーン別に見ると、世界のCO_2排出量のうち、食料品が25%、ファッションが5%、日用品が5%を占めている。小売業界は自社の事業活動に直接関係するフードロス、プラスチックの削減などだけではなく、サプライチェーン全体のサステナビリティに対する責任を求められるようになっていくだろう。先を行く海外の動きは日本市場にも伝播しつつあり、サステナビリティへの対応が遅れると消費者からの支持を失い、企業としての競争力を失うリスクがある。一方、先進的な取り組みを推進することによって、自社ブランドを高めるチャンスもある。

⑤データ集積・分析技術の進化により、顧客接点の重要性が増大

小売企業の強みは、消費者との直接の接点を持ち、消費者のニーズやその変化を間近で把握できることにある。消費者との直接の接点を持たない多くのメーカーは、D2C（Direct to Consumer）を強化することで、消費者に商品の世界観を伝え、継続的な接点とロイヤルティを高めるビジネスモデルの構築にトライしているが、その規模はほとんどの場合、限定的だ。コロナ禍を受けて消費者の購買行動は変化し、ニーズはより細分化されつつある。

また、デジタルテクノロジーの進化によって、消費者がどこで、どのような商品を、どのような頻度で購入したかを把握し、データとして蓄積し、コミュニケーションをとることができるようになった現在、顧客接点の重要性が増大している。顧客接点を通じて取得できるデータを事業に活用できている企業が非常に少ないなか、これを収益に結びつけるモデルをいかに描けるかが企業の業績を大きく左右するだろう。

小売企業が競争優位性を高めるためのカギ

コロナ禍における環境変化を踏まえて、小売企業が競争優位性を高めるためのカギを3つご紹介したい。

① ゲームチェンジャーと差別化したバリュープロポジションの明確化

前述のとおり、コロナ禍で消費者が強いられた行動変容により、小売業界ではデリバリー・ECプレイヤーの影響力が大きくなり、さまざまな既存小売との間で業態をまたいだ顧客接点の争奪戦が生じつつある。距離の近さや利便性が強みだった店舗の優位性は、ECの浸透によって相対的に低下し、来店客数・頻度の減少により売上が減ることもあるだろう。

また、休業・時短営業の制約が続く外食業界にはデリバリーが普及し、実際の店舗は持たないがシェアキッチンやITシステムを活用してデリバリーを行う「ゴーストキッチン」、カット済みの食材や調味料のセットがレシピとともに提供される「ミールキット」など、食の領域では外食・中食・内食の垣根が崩れ、多様なプレイヤーがさまざまな形態の事業を展開している。

一方、一定以上の配送効率・面密度が必要なデリバリー・EC事業は都市部中心となり、地方都市では限定的な展開となっている。その状況下で、商圏人口の減少によって店舗網を維持できなくなる競合の変化を、地域社会における商品やサービスを自社に取り込めるチャンスとして捉えることもできる。

環境変化が大きい現在、既存のビジネスモデル・店舗フォーマットを前提とした戦い方はサステナブルではない。既存小売にとって、デリバリーやEC事業への関わり方、店舗とオンラインの関係（O2O＝オンライン・トゥ・オフライン／OMO＝オンラインとオフ

ライン の融合)、業態・領域・カテゴリーの垣根を越えた品ぞろえ・サービスの考え方、変化を捉えた店舗フォーマットのあり方など、プロフィットプール(同じ業界に属するすべての企業の利益の総額)を取り込みうるビジネスモデルの切り口は多数存在する。消費者のニーズや競合の変化を捉え、自社が持つアセットや独自の強みに鑑み、どのような事業であれば差別化されたバリュープロポジションを構築できるのかを明確にし、変化を捉えた新たな事業モデルに迅速にチャレンジすることが求められる。

② 時流を的確に捉えた、他社より一歩先の取り組み

サステナビリティは、小売業界において2022年に最も取り組みが進み、変化の大きいテーマとなるだろう。2020年10月には、日本でも2050年までに温室効果ガスの排出を全体としてゼロにすること、すなわち2050年カーボンニュートラル、脱炭素社会の実現を目指すことが宣言された。サステナビリティ自体は何年も前から取り組まれてきたテーマではあるが、小売企業のなかでも、このテーマに対する意識と取り組みのスピードに大きな差が生じている。動きの速い小売企業は政府の動向を受けて2020年中からカーボンニュートラルの検討を加速し、2021年中に具体的な動きを着実に進めている。

米中の地政学的な対立のなか、欧州企業はサステナビリティを競争戦略の中核に据え、国際ルールの形成、新ビジネスモデルの構築、サステナビリティを後押しする世論形成をリードしている。

サステナビリティ自体はいうまでもなく人類が抱える本質的な課題として最優先に取り組むべきテーマであり、環境意識の高いステークホルダーの期待に応える側面もあるが、その本質は「競争戦略」であると捉えるべきだろう。

欧米企業の動きと比較すると多くの日本企業の取り組みは周回遅れだが、幸いなことに小売は各国ローカルの戦いといえ、国内の小売企業のなかで他社に先んじて差別化された取り組みができるかが競争戦略上、重要となる。ただし、サステナビリティはコストがかかる施策が多く、すべてのテーマに一律で取り組むことは難しい。各企業の強みを踏まえ、どのテーマに優先的に取り組むかを戦略的に決めることが必要となる。

③自前主義からの脱却と業界横断での連携、社外の知見の活用

小売企業をめぐる変化は、ここまで見てきたように、デリバリー・EC専業プレイヤーなどの他業界からの侵食、地域社会における他業態サービスを取り込む機会、デ

ジタルテクノロジーによる顧客データ活用の可能性、サステナビリティへの取り組みと幅広く、事業機会は既存事業や社内で保有するケイパビリティ（組織能力）の枠を超えた領域に存在する場合が多い。変化をチャンスと捉え、競争優位性のある事業に育てるためには、既存事業の延長や現在の体制・枠組みでやり切ろうとするのではなく、他業界や社外の専門家を巻き込んで、自社が持つアセットを活用することが不可欠だ。

たとえばカーボンニュートラルは、取引先の消費財メーカーに加え二次・三次調達先、さらに川上の原材料メーカー・農家・畜産業なども含めたエコシステム全体の環境負荷を考えて、誰とどのように組むべきかをバリューチェーン横断で俯瞰することが必要である。顧客への最適なオファリングに必要なデータ分析機能を構築し、進化させるためには、どの機能を内製化し、どの機能は外部を活用すべきかを設計することが重要となる。

小売企業の新たなビジネスチャンスと、求められる取り組み

環境変化や消費者のニーズの変化をチャンスと捉え、小売企業が成功するためには、何にどのように取り組む必要があるだろうか。

顧客接点を強化し、データを活用したビジネスモデルを構築する

消費者との直接の接点を持つ小売企業は、消費者ニーズやその変化を間近で捉えることができる。これはメーカーにはない強みだ。環境変化が大きく、消費者の購買行動が変容するタイミングにおいて、顧客ニーズを把握して1人ひとりに適した提案を直接届けることの重要性は増している。小売企業が持つ顧客データの分析技術とインフラを活用し、これを事業として提供できるかが小売企業の競争力を大きく左右する。

たとえば米国の小売大手クローガーは、顧客との接点で生じたデータを活用し、多面的な収益モデルを構築している。アプリや決済サービスなどでの購買利便性を高めることでロイヤルティプログラムの利用率を上げて顧客の購買行動を把握できるようにし、自社で活用するだけでなく、顧客データ分析の子会社84.51°を通じ、取引先・他業界への顧客インサイト提供やデータ連携事業などでも収益化に成功している。

日本の小売企業でクローガーのようなエコシステムを構築できている企業はないだろう。まずは、顧客データを蓄積し、蓄積したデータを分析してインサイトを抽出する仕組みを構築し、これをベースにした収益モデルを設計することが必要である。

小売企業がデータを活用して顧客1人ひとりのニーズを把握し、パーソナライズされた情報を届けることができるようになると、小売は商品やサービスを販売する役割

を担うだけにはとどまらなくなるだろう。顧客接点を通じて得られたデータをもとに、顧客のニーズを商品開発プロセスにフィードバックし、消費者が欲しい商品をパーソナライズされたメッセージ・コンテンツとともに勧める仕組みを実店舗やアプリ、ネット通販と連携して構築できれば、小売と顧客との関係が強化され好循環のサイクルが回っていく。小売がバリューチェーンのより川上まで関与範囲を広げ、従来はメーカーが担っていた商品開発機能を取り込み、プロフィットプールを奪っていくことも考えられる。

アパレル業界ではZARA、H&M、ユニクロが企画から製造、小売までを一貫して行うSPA（製造小売）業態に進化することで覇権を握ったが、アパレル以外の小売業も、データを活用して顧客接点を強化し、同様のモデルへ進化することが可能である。

また、店頭に加えてアプリ、ウェブ、ECなどでの顧客接点が増えると、広告販促のあり方も変わっていくだろう。従来型のマス広告、店頭販促やちらしはターゲットが明確にならないがゆえに幅広い層を対象にせざるを得ず精度が高まらなかったが、小売企業が顧客1人ひとりのニーズをデータで把握できるようになると、ニーズのある顧客に直接広告を打つことができる。ターゲットを絞った値引き、商品の価値を説明するメッセージ訴求、受け取りやすい提案のタイミングなど、顧客に合った方法を選択することで販促のROI（投資利益率）は大きく上がり、ムダ打ちが減って効率が良くなることで、小売・メーカーともにメリットを享受できる。

このように、顧客のデータからインサイトを得て、顧客に最適なオファリングをしていくことで、小売企業が新たな事業モデルを展開するビジネスチャンスがある。自社の売上拡大に活用するだけでなく、取引先メーカーへの支援に活かしたり、消費者のライフスタイルを洞察して他業界に送客したりすることで、小売企業には多面的な収益化の余地がある。さまざまな分析技術と、アプリなどの顧客接点が整備された今だからこそ、小売企業には新しい事業モデルのチャンスが生まれている。業態をまたいだ顧客接点の争奪戦が生じつつある現在、小売企業が業界を変革できる可能性は大きく、顧客データを活用した事業モデルの構築はその切り札となるだろう。

サステナビリティ起点のエコシステム・事業モデル構築

サステナビリティが非常に重要な取り組みであることは言うまでもないが、小売企業にとってはどのような取り組み余地があるだろうか。まず企業には、自社の活動・経営資源からの直接・間接的な排出（スコープ1・2）だけでなく、企業活動に関連するサプライチェーン全体（スコープ3）、つまり取引先のメーカーだけでなく二次・三次調達先、さらに川上の原材料メーカー・農家・畜産業などを含んだ温室効果ガス削減が求められるようになる。

先進事例を紹介すると、たとえばウォルマートは、2030年までにサプライチェーン全体で1ギガトンの温室効果ガス削減を目標に掲げ、「エネルギー」「廃棄」「パッケージ」「農業」「森林破壊」「製品の使用と設計」の6領域のなかで最低1領域にコミットすることをサプライヤーに求めるとともに、ノウハウ・アドバイスを供与して改革を支援している。英国の小売大手テスコは、森林破壊ゼロの原材料調達をめざし、2020年に認証制度により正味ゼロを達成した。

サステナビリティ起点の事業モデルとして、3つの切り口を挙げたい。1つ目は、サプライチェーン視点での事業変革だ。具体的には、従来の品質・コスト・安定供給に加えて、川上のプロセスやプレイヤーに踏み込んだサステナビリティへの積極的関与、需要予測・在庫削減・配送の効率化など事業経済性と環境負荷低減を両立させるモデルの構築、サプライチェーン全体のコントロールタワーとしての仕組みの再設計によるサプライチェーン・トランスフォーメーションの推進である。

2つ目は、小売起点で環境課題を解決するエコシステムを構築することだ。たとえば食品では、温室効果ガス削減の技術やノウハウを持たない農家や中小サプライヤーが多い。再生農業を実現する技術を持つスタートアップと組んでそのノウハウを農家に提供したり、環境負荷の低い代替素材の探索から製品化をリードしたり、温室効果ガス削減の取り組みで得られた排出権を取引するマーケットプレイスを構築することで、主体的にサステナビリティを推進する事業モデルを構築することも検討しうるだろう。

3つ目は、消費者を啓蒙することで「選ばれる小売」になりブランドを確立することである。温室効果ガス排出量を商品に記載する（カーボンフットプリント）取り組みを推進したり、排出量が少ない商品や賞味期限が近い商品を購入した消費者にポイントなどのインセンティブをつけたりすることで、消費者のサステナビリティの意識を高め行動変容を促すことが挙げられる。サステナビリティには相応の投資が必要となるため、どのようなモデルで他社と差別化し、競争優位に立つかを戦略的に決めることが求められる。

経営リーダーに求められる3つのアクション

最後に、変化の大きい環境下において、小売企業の経営リーダーに求められるアクションを3つ挙げたい。

アクション1：チャレンジする領域・事業モデルを大胆に決める

まず、環境や消費者ニーズの変化が大きい今日、既存のオペレーションを前提とした事業に大きな成長はなく、ゲームチェンジャーによる浸食を受けてジリ貧となるリスクが高いと捉えるべきだ。一方、顧客接点の強みを持つ小売企業にとって、現在の変化は小売起点で消費者や川上のサプライヤーを巻き込み、業界・領域横断で新たなエコシステム・事業モデルを構築するチャンスと考えるとよいだろう。

ただし、従来の成長と効率的なオペレーションを支えてきた営業、商品、管理などの各部門の縦割り意識が強い組織は、変化の大きいタイミングには部門間連携が不十分となる場合が多く、変革を妨げてしまう。経営リーダーは、部門・業界横断で構築しうるエコシステムを俯瞰し、新たな方向性を定めることが求められる。

現在の事業領域の拡張、バリューチェーンの川上への染み出し、デジタルを活用した顧客接点強化と収益化など、自社の強みを活かした新規事業モデルの構築は、経営リーダーが大胆にデザインして決める責任を負っているのだ。

アクション2：既存事業と異なる組織・仕組みを構築し、大きく投資する

新たな事業モデルの立ち上げには時間と労力がかかるため、既存組織にミッションを与えても取り組みが進まない場合が多い。既存事業のリーダーは、責任を負っている事業にヒト・モノ・カネの経営資源を集中させるため、新規事業は小さな取り組みとして埋没してしまうからである。

経営リーダーは、新規事業の推進には既存事業とは切り分けた「出島」あるいは「特区」のような組織を設けるか、別会社をつくり、明確なミッションと予算を与えるとともに、従来とは異なる意思決定プロセス・基準、評価体系、報酬制度をつくり、社外の専門人材を積極的に取り込むことが必要になる。特に、デジタル人材は社内だけでは圧倒的に不足しており、外部の力を活用せざるを得ない場合が多い。

この領域は人材の需給バランスが大きく崩れている。他社との人材の争奪戦に勝つためには、従来とは異なる報酬体系も必要となることを覚悟したい。

アクション3：小さな失敗を許容し、スピーディーに経験値を積む

新規事業のチャレンジには失敗がつきものである。事業の方向性を定めた後は、時間をかけてじっくり準備するのではなく、スピーディーに事業アイデアを世の中に問い、失敗しながら軌道修正していくアジャイル型の事業構築プロセスが重要である。すべてが成功するわけではないため、経営リーダーは従来とは異なるプロセスを許容し、失敗しながら経験値を積み、企業が持つアセットを活用して大きく勝てる事業の立ち上げに挑戦する姿勢が求められる。

小売をめぐる環境変化は大きいが、その分チャンスも大きい。各企業のこの先数十年の将来は、経営リーダーがこの数年で新たな事業に向けた一歩にいかに踏み込み、事業モデルを構築できるかにかかっているといえるだろう。

Chapter. 6

通信

十数年に一度の変曲点で変わるビジネス

Introduction 6

通信事業は、日々の生活、そして社会・経済の進展のカギを握るインフラであり、今後もその重要性はさらに増していくだろう。通信事業に関連する技術は今、十数年に一度の進化の変曲点を迎え、数年前には想像もできなかったことが可能になりつつある。本章では、通信業界について理解するうえで欠かせないキーワード、5G、MEC、VR／AR／MR、衛星通信についてその動向を概観するとともに、技術進化を背景とした通信事業者の事業構造の変化の方向性と、実現に向けて求められる変革について考察したい。

Author

桜井一正 Sakurai, Kazumasa

BCGマネージング・ディレクター＆シニア・パートナー

東京大学文学部卒業。BCGハイテク・メディア・通信プラクティスの日本リーダー、組織・人材プラクティス、消費財・流通・運輸プラクティス、および社会貢献プラクティスのコアメンバー。

共著書に『BCGが読む経営の論点2019』『BCGが読む経営の論点2021』、日経ムック『BCGカーボンニュートラル経営戦略』（日本経済新聞出版）。

通信事業者は私たち1人ひとりの日常生活はもちろん、さまざまな企業活動にも欠かせない重要なインフラを支える責任を担っている。また、日本経済の重要な一翼を担う存在でもある。通信業界の今後の成長は2020年代の日本経済を大きく左右することになるだろう。

設備投資を例にとると、通信業界の年間の設備投資額は、2019年時点で2・4兆円にのぼり、国内全体の11・3%を占めている。なかでもNTTグループ、KDDI、ソフトバンクグループの大手3社の設備投資額の合計は2・1兆円を超える。

また、情報通信産業は株式市場でも大きな存在感を示す。情報通信業に分類される企業の時価総額は東証一部上場企業全体の約10%を構成している。大手3社は時価総額ランキングの常連であり、3社の合計で東証一部上場企業の時価総額の約5%を占める。

このように、一個人、一企業にとっても、日本の社会・経済にとっても重要な産業である通信業界は今、十数年に一度のテクノロジー進化の変曲点を迎えつつある。さらに、これにより通信事業者の事業構造や中期的な戦略も大きく進展、変化しつつある。

5Gを中心としたテクノロジーの進化

通信業界では十数年に一度の頻度で大きな技術進化が起こってきた。近年では1990年代後半のインターネットや携帯電話の普及、2010年前後の4Gやスマートフォンの登場などがそれにあたる。通信インフラ技術や通信端末の進化によって私たちの生活や企業活動は大きく様変わりしてきたが、こうした技術進化の波が、今また押し寄せつつある。ここでは、通信業界について考えるうえで不可欠な4つのテクノロジーについて解説したい。

5G（第5世代移動通信システム）

2018年10月に米国でベライゾン社が先陣を切り、5Gの商用サービスの提供がスタートした。国内でも2020年3月よりサービスが開始されている。当初は都市部を中心とした局所的なサービスにとどまっていたが、同年10月の5G専用端末iPhone12の発売を契機に5Gの契約者数は拡大した。サービス開始から1年後の2021年3月時点の5G契約件数は1419万に達しており、すでに携帯電話契約件数の9・2%が5Gに移行したことになる。

図表1 5G（第5世代移動通信システム）の技術的特徴

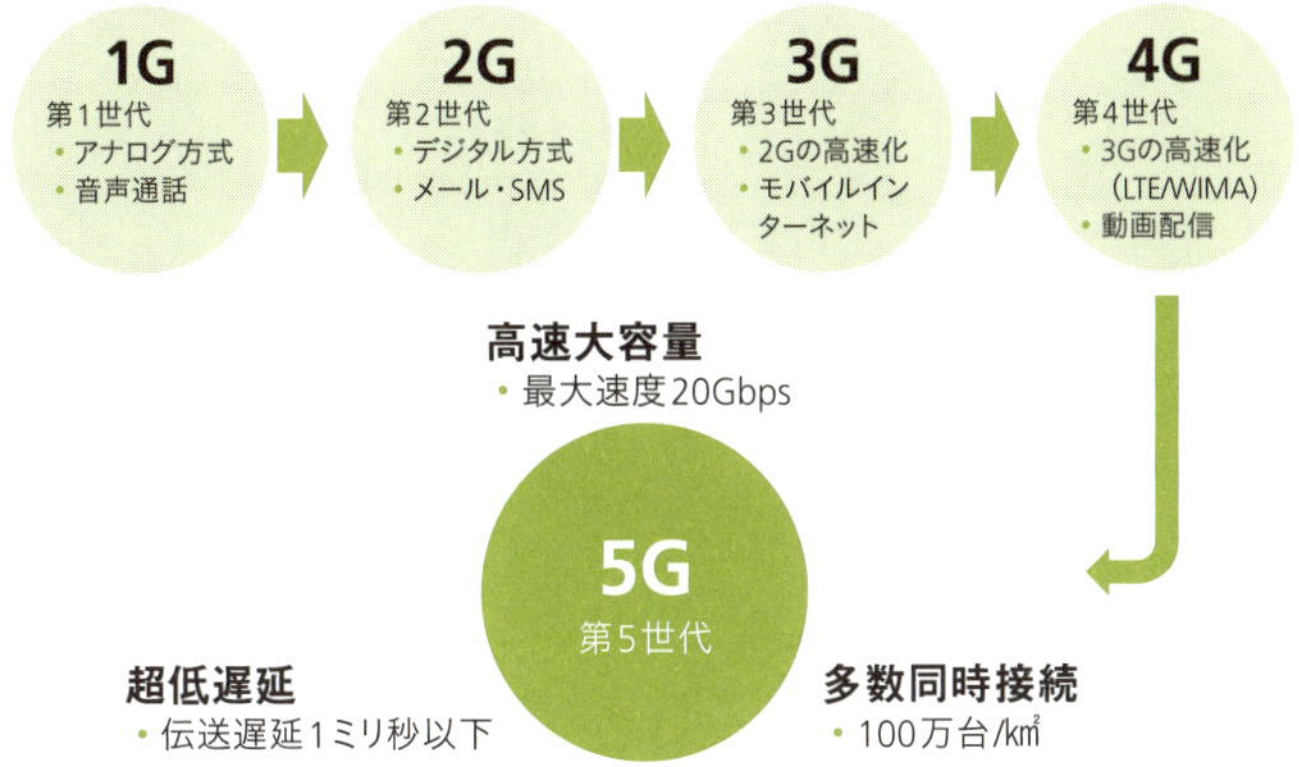

5Gには、「高速大容量」「超低遅延」「多数同時接続」という3つの特徴がある（図表1）。携帯通信技術は世代が進化するごとに通信容量が飛躍的に拡大してきたが、5Gでは理論上は4Gの100倍の高速大容量通信が可能になる。単純計算では2時間の映画を3秒でダウンロードできる速度だ。

遅延とは、たとえばロボットに指示を与えて実際に作動するまでの時間差を指すが、これが5Gでは1ミリ秒以下へと極小化される。

多数同時接続とは、基地局1台から同時に接続できる端末台数が飛躍的に拡大することである。4Gでは1基地局あたり1000台しか接続できなかったのが、

5Gでは基地局あたり約2万台、1平方キロメートルあたり100万台以上の同時接続が可能となる。従来は数万人が集まる大規模イベント会場や災害発生時に携帯電話がつながりにくくなることが多かったが、5Gではこういった問題も解消されることになる。

一方で、5G向け電波の周波数は従来の4Gよりも高く、障害物にも弱いため、基地局から飛ばせる距離が4Gに比べ著しく短い。よって5Gのカバーエリアを拡大するには、基地局を大幅に増やす必要がある。さらに、固定衛星通信との電波干渉の問題もあり、通信事業者にとって5G向け設備投資負担は重くなる。こうしたコストを抑えつつ円滑に5Gのサービスエリアを拡大するために、これまでの5Gは、4Gのコアネットワークを通じて4Gの基地局と5Gの基地局を連携させて動作させるNSA(Non Stand Alone)方式が中心で、これにより5Gの3つの特徴のうち高速大容量を先行して実現してきた。

しかし、2021年度以降は、4Gのコアネットワークから独立した5Gのコアネットワークによって5Gの基地局を単独で動作させるSA(Stand Alone)方式へ順次切り替わっていく。つまり、5Gの3つの特徴の真価が本格的に発揮されるのは2022年度以降ということになる。

MEC（マルチアクセスエッジコンピューティング）

5Gが本格的に展開されるようになると、4K動画サービスや遠隔診療などさまざまなサービスが実現可能になる。しかし、こうした新たなサービスの大半はクラウド上のサーバーを介して提供される。モバイルネットワークが5G化しても、多数のユーザーが同時に接続すると、インターネット上で輻輳《ふくそう》（混雑）が発生し、スピードの遅延につながる恐れがある。インターネットのボトルネックである輻輳を回避するための技術がMEC（マルチアクセスエッジコンピューティング）である（図表2）。

MECでは、クラウドに送るデータを最小化するために、事前にユーザーや端末の近く（エッジ）に設置したMECサーバー上でデータ処理を行う。MECサーバーは、基地局や交換機など5Gネットワーク上に設置される。

MECにはさまざまな活用用途が想定されるが、その1つが画像系のソリューションである。カメラとAIを組み合わせた遠隔監視や検品作業ソリューション、あるいは自動車に搭載されるカメラや各種センサーを活用した自動運転や遠隔制御などでは、画質が高くなるほどクラウドに送るデータ量が増加し、遅延が発生しやすくなる。しかし、画像処理の作業をMECサーバーで行い、解析結果だけをクラウド上のサーバーに送ることで、輻輳が起きるリスクを大幅に低減し、超低遅延という5Gのメリッ

図表2　MEC（マルチアクセスエッジコンピューティング）の概要

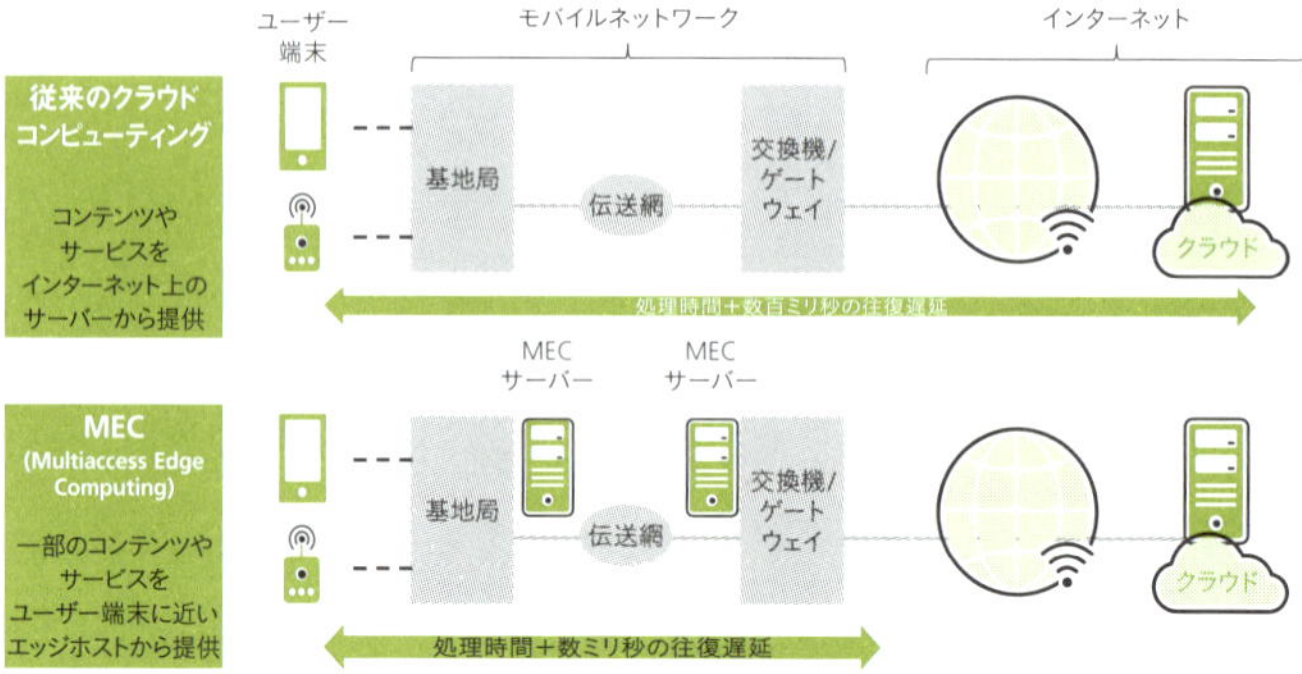

トを最大限活用できる。

また、スポーツ観戦やイベント会場などでも、5GとMECを組み合わせることで、競技やコンサートをライブで楽しんでいる観客の手元のスマートフォンに、特定のスポーツ選手やアーティストにフォーカスした動画をまったく遅延なく配信するといった新たなサービスの提供が可能になる。

xR――現実世界と仮想コンテンツの融合

現実世界と仮想コンテンツを組み合わせ、これまでにない映像をつくり出す技術の総称がxRである。代表例としては、VR（Virtual Reality：仮想現実）、AR（Augmented Reality：拡張現実）、MR（Mixed Reality：複合現実）などが挙げられる。

VRは、仮想の世界を現実さながらに体感できる技術だ。現在では専用端末であるヘッドマウントディスプレイや、スマートフォンを装着できるゴーグルを使って映像を視聴するのが一般的だ。ディスプレイ内に仮想映像を360度表示することで、自らが映像の世界（仮想現実）に実際に入り込んだかのような臨場感を得られる。ゲームでは、特にアクションゲーム、シューティングゲームやホラー系などで活用が進んでいる。さらに、住宅メーカーが、コロナ禍のため外出や対面での商談が難しい顧客のために、VRを使ったモデルハウス見学プログラムを用意するなど、さまざまな用途で活用されている。

ARは、現実世界に仮想の世界を重ねるテクノロジーで、代表例としては大ヒットしたスマホゲーム、ポケモンGOが挙げられる。このゲームでは、実際に存在する町や道路上に、仮想の存在であるモンスターを重ねて、ゲームの没入感を高めている。ARの用途はゲーム以外にも広がっている。たとえば、空港や大規模な駅では、スマホを通路などにかざすと画面上に目的地へのルートが矢印などで表示されるAR経路案内が今後普及すると想定される。

また、一部の企業では、製造ライン中の多岐にわたる業務の手順や作業場のポイントを、作業者が装着する専用のゴーグル上に表示することで、両手がふさがる紙のマニュアルから解放し、生産効率を上げるといったAR技術の活用が進んでいる。

ARをもう一段発展させた技術がMRである。たとえば、ポケモンGOでは、スマホの画面上に現れるモンスターの背後に回り込むことはできない。しかし、MRでは、カメラやセンサーを駆使して各プレイヤーの位置情報を細かく算出し、仮想のモンスターの横や後ろ側に回り込み、さまざまな角度から見ることができる。また、画像やデータを目の前に3Dで表示し、そこにタッチしたり入力したりすることも可能になる。現実世界をベースに仮想世界を部分的に取り込むARに対して、現実世界と仮想世界をより密接に融合・複合させるのがMRである。

MRを実現するには、現状ではゴーグルなどの専用端末が必要なため、主に製造業や医療などの現場で活用が進んでいる。たとえば、コロナ禍により出張が難しい状況下で海外工場での新しい生産ラインを立ち上げる際に、現地工場のスタッフにMR用のゴーグルを装着させ、国内の本社から指示やアドバイスを送るといったことが可能になる。あるいは医療では、術前の検査データをもとに作成した患者の臓器の3D画像と手術手順を、執刀医らのゴーグル上に表示させて手術の成功率向上を図る、また3DカメラとMR用のゴーグルを組み合わせた遠隔診療など、多様な活用法が開発されている。

VR／AR／MRの活用は、これまでの通信インフラ上でも拡大してきたが、5Gの整備が進めば、災害現場や在宅医療におけるMRの活用など、用途開発が急速に進展することが期待される。

衛星通信

これまでの通信技術では、固定通信であれば通信ケーブルの敷設、無線通信であれば基地局の設置が必要になるため、山間部などの遠隔地でのサービス提供はどうしても難しかった。日本では携帯電話などの移動システムの人口カバー率は99％だが、面積カバー率は最大でも70％といわれる。

こうした問題を解消する技術が宇宙に打ち上げた通信衛星と地上の無線局を結んで通信を行う衛星通信である。衛星通信を活用すれば、山間部や海上での通信も可能になる。また地上の物理的な通信設備を必要としないため、地震など災害時のバックアップ回線としても期待できる。衛星通信には、地球表面から2000キロメートル以下の上空を周回する低軌道衛星を使う方法と、静止軌道衛星に代表される高軌道衛星、また中軌道衛星を使う方法がある（図表3）。

「低軌道」衛星といっても国際宇宙ステーション（地上400キロメートル）の4倍の高さ

図表3　通信衛星の軌道高度による分類

	通信衛星の数	通信衛星1基のサイズ・コスト	カバーエリア	通信速度
高軌道衛星	1つの衛星で1つのシステムを運用	大型・高コスト	高緯度エリアはカバー対象外	低速・狭帯域
上空36,000km				
中軌道衛星	複数の衛星を連携・協調	中型・中コスト	地球全域をカバー可能	中速・中帯域
上空2,000km				
低軌道衛星	多数の衛星を連携・協調	小型・低コスト	地球全域をカバー可能	高速・広帯域
地表				

を周回する衛星だ。地上から観測すると動いているように見え、衛星が通過してしまうと利用できなくなる。衛星1基でカバーできる範囲は限定的で、多数の衛星を衛星コンステレーションと呼ばれる方法で連携・協調させる必要がある。そのため、1つのシステムを構築・運用するためのコストがかさみ、また利用する衛星を切り替えるタイミングで通信が不安定になる可能性がある。一方、衛星と地表との距離が近いため通信速度に優れ、現状は携帯電話が圏外となってしまうような地域でも都市部と同様にブロードバンドを使える。

　高軌道衛星は、高度約3万6000

キロメートル（地球の直径の約3倍）より外側を周回する静止軌道衛星である。静止軌道衛星とは、赤道上空を地球の自転と同じ周期で公転する衛星のことで、地上から見上げるといつでも同じ方向にあるように見えるためそう呼ばれるが、実際には秒速約3キロで周回している。高緯度の地域を除けば一基の衛星で運用可能で、またアンテナの方向も固定できるため、安定して信頼性の高い通信を実現できる。一方で、地上との距離が遠く、通信速度は劣る。鉱山における建設機械のＩｏＴ化など、低い通信速度でも十分に機能するＩｏＴソリューションに適している。

中軌道衛星は低軌道衛星と高軌道衛星の中間だ。複数の衛星を連携して1つのシステムとして運用する点は低軌道衛星と同様だが、高度が高く衛星1基によるカバー範囲は広がるため、必要な衛星の基数は減る。一方、通信速度は低軌道衛星に比べると劣る。

近年、米スペースＸやアマゾンが参入・事業化を表明している衛星通信事業の多くは、衛星の小型化や打ち上げコストの低下といった技術進化に着目し、低軌道衛星と衛星コンステレーションによって地球上のどこでもブロードバンドインターネット環境を実現することを目指すもので、２０２０年代中には商用化が始まると想定される。また、高軌道衛星を使ったナローバンド通信については、国内でも２０２２年中に月々数百円で利用できるサービスが開始する予定である。

法人向け通信事業の進化
――DXソリューションパートナーを目指して

技術の進化という大きな潮流を前に、通信事業者の事業運営はどう変化しているのか。直近の大手通信事業者3社の投資家向けプレゼンテーションの内容からは、表現の違いはあるものの、3社ともに今後の売上・利益成長の大きな部分を法人向け事業領域で創出する方針であることが見てとれる。これは、成長の大半を個人向け事業により創出してきた従来の通信事業者の戦略が大きく転換しつつあることを意味する。さらに、法人向け事業の成長を、契約回線数の増加や販売端末数の拡大ではなく、顧客企業のデジタルトランスフォーメーション（DX）を支援するソリューションやサービスの売上を拡大することで実現するという方針も共通している。

通信サービス以外の事業領域での売上・利益創出の重要性は従来から認識されていたが、ここにきて各社ともに、いわば法人シフト、DXソリューションパートナーへの転換を掲げているといってよい。背景には大きく3つの構造変化が存在する。

① DXの裾野の広がり

DXはビジネスの世界で数年前から頻出していたキーワードだが、ごく最近まで、その主たる対象は大企業であり、中堅企業や中小企業の多くにとっては無縁のトレンドというイメージが強かったのではないか。しかし、その様相は、2020年のコロナ禍によって一変した。従業員の在宅勤務を可能にする、あるいは対面での商談を禁止する取引先に対応するためのリモートワーク関連ソリューションや、捺印業務の撤廃など、従業員、取引先、さらには自治体からの要請に応えるためのデジタル化は、大企業だけではなく中堅企業、中小企業にとっても重要かつ喫緊の経営課題になった。

加えて、初期投資を抑え、必要な機能だけを選んで使えるSaaS（Software as a Service）と呼ばれるデジタル化支援アプリケーションが、先述のリモートワークや顧客管理、人事労務管理などさまざまな業務分野で広がったことも中堅企業・中小企業のデジタル化を後押しし、DXの裾野は2020年以降、急速に広がった。

こうした中堅・中小企業を最も広範にカバーしているプレイヤーの1つが大手通信事業者である。通信事業者のDX支援戦略の本丸は、大手システム業者などとの競合が激しい大企業セグメントよりも、こうした中堅・中小企業セグメントになるかもしれない。

②5G網の整備に伴うソリューション事業機会の拡大

5G、および5Gとの関連性が高いxRなどの新しいテクノロジーの適用にあたっては、現状ではゲームなどの個人向けアプリケーションより、製造現場や店舗、あるいは医療現場など法人向けのアプリケーションの開発が先行している。

というのも、VRやMRはゴーグルやヘッドマウントディスプレイなどの機器が高額で、コアなゲームユーザーを除く個人が趣味や娯楽目的で購入するには少々ハードルが高い。一方、法人ユーザーにとっては、投じたコストに見合う効果が創出されるのであれば、多少の初期投資は大きな問題ではない。さらに、今後5Gの普及に伴って、活用できる場面や機会が広がるとともに、遅延が一層少ないリアルタイムなコミュニケーションが期待できるのであれば、企業にとってはより投資しやすい環境が整うことになる。

こうした5G網の整備の拡大により新たに生まれる法人向けのソリューションは、巨額の5G投資を負担する通信事業者にとって大きな事業機会となる。

③個人向け通信事業の成長鈍化

これまで通信事業者の収益の柱だった個人向け携帯通信事業は、楽天グループの新規参入や、2020年度に行われた大幅な価格改定、および格安プランの投入によって、売上の減少を喫している。詳細は後述するが、今後、5G網の整備が進んでも、過去の3Gや4Gへの移行時のような個人ユーザーの大幅な通信量の増大は期待できないため、当面は、個人向け通信事業の売上・利益の成長は難しいと想定されている。そのため、5G網の整備に必要な巨額の投資を回収するために必要な売上・利益の成長は法人向け事業が担うことが不可欠となる。ゆえに各社ともヒト、カネといった経営資源を法人向け事業部門に重点的に投じているのだ。

DXソリューションパートナーへの変革に向けた2つのチャレンジ

大手通信事業者はいずれも法人顧客のDXを支援する製品やサービスの事業化、収益化に取り組んでいるが、こうした非通信事業領域への展開が決して容易ではないことは想像に難くない。法人顧客のDX支援事業を収益化し、多額の5G関連投資を回収するためには、各社は以下に挙げる2つのチャレンジを克服する必要がある。

機能部門の横串連携を通じて顧客に価値提供できる体制・組織文化の構築

法人顧客のDX支援とひと口にいっても、デジタル化すべき業務は多岐にわたり、そのために必要な製品・サービスも多種多様である。それぞれの製品・サービスについて、まずは課題解消のニーズがある顧客を明らかにし、製品・サービスの提供価値を正しく伝え、実際に顧客が運用して初めて成果の創出に至る。

それには、製品やサービスを開発するプロダクト部門、顧客になる可能性の高い企業や意思決定者に提供価値を正しく伝えるマーケティング部門、個々の顧客に対して提案活動を行う営業部門、顧客企業への実装や運用開始に伴走し成果創出までサポートするカスタマーサクセス部門といった、関連する機能部門に横串を通し、関連部門が一体になって顧客に価値を提供する必要がある（図表4）。

また、新たなサービスや製品をすべて順調に立ち上げることは不可能である。プロダクトごとにPDCA（Plan, Do, Check, Action）サイクルを回しながら課題を解消し、勝ちパターンを確立するプロセスが必要になるが、そのためには各機能部門の取り組みの内容や成果を、プロダクト部門からカスタマーサクセス部門まで一気通貫で見える化する仕組みも必要になる。

しかし、こうした機能部門間のヨコ連携は、通信事業者にとっては容易ではない。通

図表4　通信事業者がDXソリューション事業を推進するためのチャレンジ

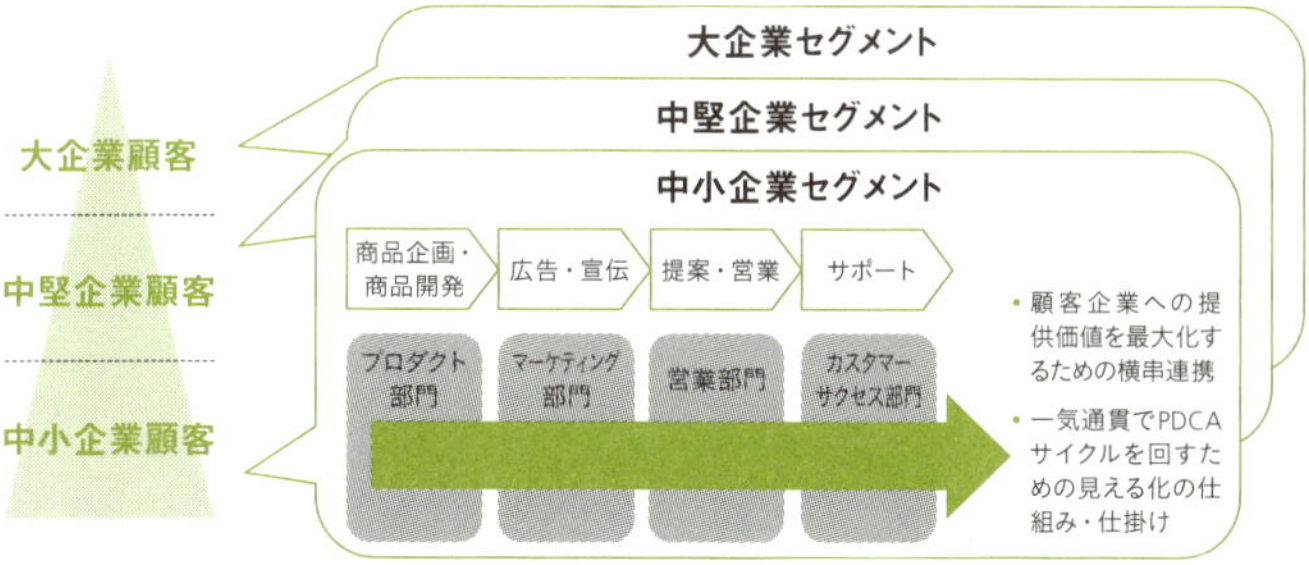

信サービスは料金プランや付帯サービスなどからは一見複雑に見えるが、通信事業者自体の本質は、通信というシンプルなサービスを安定的に提供するための巨大な装置産業であり、巨大なオペレーション組織である。そのため、通信に関わるさまざまな機能・業務を各機能部門に割り振って分業化し、それぞれの機能部門が明確に規定された役割・権限・責任のもとに業務を遂行することで、信頼性、品質の高い通信サービスを提供してきた。いわば分業制・タテ割り組織によってオペレーションエクセレンスを追求してきた組織の典型である。

その通信事業者にとって、機能部門に横串を通すことや、自部門の成果も失敗も他部門に開示することになる一気通貫での見える化の仕組みを構築することは、組織文化そのものの改革であり、一朝一夕にできることではない。

かといって、競争が激しいDX領域で成功するためには、何年も時間をかけている余裕はない。全面的な組織変革が難しいのであれば、特定の製品・サービスにフォーカスして経営層の直轄プロジェクトを立ち上げ、関連する機能部門に横串を通し、一気通貫でのPDCAサイクルを回して成果を上げ、新たな成功体験を獲得することが通信事業者の急務である。

業界知見の獲得、顧客課題の発見

これまでの通信サービスでは、顧客の業界によって活用法に多少の違いはあれ、顧客企業への営業・提案に際して、業界に対する深い知見や経験を求められることはまれで、各種サービスや機器の価格競争力や、意思決定者との関係性構築の度合いによって、通信事業者間の勝敗が決してきた。

しかし、顧客企業のDXを支援するサービス・製品を営業・販売するには、単純に機能面の利点を訴求するだけではなく、仮説でもよいので個々の顧客の課題を設定し、その課題を解決するためのソリューションとして提案することが求められる。たとえば、同じリモートワーク関連の製品・サービスでも、製造業の顧客と物流業の顧客では、解決すべき課題や活用シーン（ユースケース）が異なる。こうした個々の顧客企業の課題やニーズに沿った提案を行うためには、少なくとも顧客の業界・業種のビジネスモデルやコスト構造、バリューチェーンやサプライチェーンについての知見を蓄積し、そのうえで個社の特性を踏まえた提案を仕立てる必要がある。

通信事業者は大きな自己変革を迫られることになるが、時間をかけるわけにはいかない。営業組織を業種別に再編することはもちろん、さまざまな業界の企業をパートナーにしてＰｏＣ（Proof of Concept）と呼ばれる実証実験プロジェクトを実施し、業界ごとの知見をいち早く蓄積する必要がある。

このように、通信事業者にとっての必須課題である法人向け事業領域でのＤＸソリューション事業の立ち上げは、決して容易なチャレンジではない。そのために、通信事業者は各社、外部企業の力を活用することに少し前では考えられないほど貪欲になっている。読者のなかには、通信事業者に対して「自前志向が強い」という従来のイメージをお持ちの方もいるかもしれないが、それは過去のことである。５ＧやＩｏＴ、ｘＲといったテーマに関心のある企業との協業は、通信事業者にとって新たな知見や経験を獲得する機会になる。顧客企業とともに有用なソリューションを検討し、構築・運用まで伴走する方向に大きく舵を切る必要があり、実際、動き始めている。

5G環境下での個人向け通信事業の進化の可能性

5Gの本格導入を契機に活況を呈しつつある法人向け通信事業とは対照的に、一般消費者向けの通信事業ではそれほど大きな動きは見られない。その主な理由は、現状では5Gによって一般消費者が享受できるメリットが限られていることにある。

先に述べたように5Gでは映画1本を約3秒でダウンロードできるほど通信速度が上がるが、ほとんどの消費者にはそこまでの通信速度は必要なく、既存の4Gでも十分快適である。また低遅延、多数同時接続も、スポーツスタジアムやイベント会場などではその強みを大いに発揮できるが、それほど頻繁に必要になるわけではない。そのため、モバイルインターネットが可能になった3Gへの移行時や携帯端末への動画配信を実現した4Gへの移行時のような、通信速度の向上による通信量の飛躍的な増大、結果としての通信収入の大幅アップが期待しにくいのである。

ただし、これらはあくまで現在の延長線上のアプリケーションとインターネットの活用法を前提にした想定であり、今後、新たに革新的なアプリケーションが生まれれば状況はがらりと変わるだろう。その1つとして期待されるのはゲーム分野である。現在、高品質のVRゲームを楽しむには高機能の専用端末が必要なため屋外でプレイするのは難しい。だが、将来、よりコンパクトな端末が開発されVRでの対戦ゲームを屋外でも楽しむ環境が実現できれば、5Gの特徴を存分に活かせるようになる。

また、クラウドゲームも5G環境下で大きく進化する可能性がある。クラウドゲームは、通信ネットワークを介してサーバー上にあるソフトウェアやデータを使ってプレイする。サーバーからストリーミング配信されるゲーム画面を表示する端末（スマートフォンやタブレット、テレビなど）さえあれば、専用端末や高機能PCなどがなくても、高品質なゲームを楽しめる。

だが現在は、クラウド型サービスにつきものの輻輳の問題が大きい。特に対戦型ゲームなどではゼロコンマ数秒の遅延が致命的となるため、当初期待されていたほどの広がりはなく、ヒットコンテンツも乏しい。しかし、5Gによって環境が整備されれば、現在のボトルネックは解消される。クラウドゲームは、すでにアマゾン、グーグルがサービスを開始しており、マイクロソフトとソニーも共同開発を表明している。

ゲーム領域以外にも、今も地球上のどこかで、5Gのメリットを享受できる、まだ見ぬイノベーティブなアプリケーションの開発が行われているはずである。5年後、いやもしかしたら3年後には、想像もつかない新たな5Gの使い方が当たり前になっているかもしれない。また、その時には、過去10年で成熟化・画一化が進んだスマートフォンも、新たなアプリケーションやサービスに対応して大きく進化している可能性がある。

Chapter.
7

金融（銀行・保険）

逆風にさらされる既存プレイヤーにもチャンスあり

Introduction 7

金融業界では、相次ぐ異業種の新規参入、若年層を中心とする個人顧客の老舗大手金融機関離れなど、既存金融機関にとっての逆風が吹いているように見えるかもしれない。しかし、規制緩和、BaaS（Banking as a Service）を用いた金融機能の外販、脱炭素化に関連した新市場など、新たなチャンスも広がっている。

攻めに転じてチャレンジしない限り、守るべきものを守れない厳しい状況下で、金融機関にはどのような変革が求められているのだろうか。本章では4つの環境変化を概観し、競争優位を構築するための3つのポイントと、その実現に向けた具体的なステップを紹介する。

Author

陳昭蓉 Chen, Chaojung

BCGマネージング・ディレクター&パートナー

台湾師範大学数学学科卒業。東京工業大学経営工学専攻博士課程修了（Ph.D）。台湾松下電器を経て現在に至る。BCG金融プラクティスの日本リーダー、保険プラクティス、コーポレートファイナンス&ストラテジー・プラクティス、マーケティング・営業・プライシング・プラクティスなどのコアメンバー。

共著書に『デジタル革命時代における銀行経営』『デジタル革命時代における保険会社経営』（金融財政事情研究会）『BCGが読む経営の論点2020』（日本経済新聞出版）。

金融機関が直面する4つの環境変化

金融機関は従来、個人・法人の顧客に預金決済、ローン、運用、保険などの金融サービスを提供し、安定的な市場シェアに基づいて大きな収益を獲得してきた。しかし、昨今では超低金利などのマクロ環境要因に加えて、フィンテックや非金融プレイヤーの参入により金融サービスのコモディティ化が進み、収益規模と収益性はともに大きく低減している。

既存プレイヤーは、ただ守りを固めるだけでは収益機会を逃してしまうだけでなく、既存ビジネスの維持すら危ぶまれる。さらなる成長に向けて、特に次の4つの環境変化に対して、これまでとは違う新発想で対処していく必要がある（図表1）。

1　顧客ニーズの変化

個人向け金融の分野では、エンドユーザーや消費者の価値観、生活様式、就労形態の多様化に伴い、金融サービスの需要や利用方法が変わってきている。特に、2000年以降に成人を迎えたミレニアル世代やそれに続くZ世代は、終身雇用・年功序列が前提だった時代とはまったく異なる価値観を持っている。上の世代に見られるような、

図表1 経営環境変化の概念図

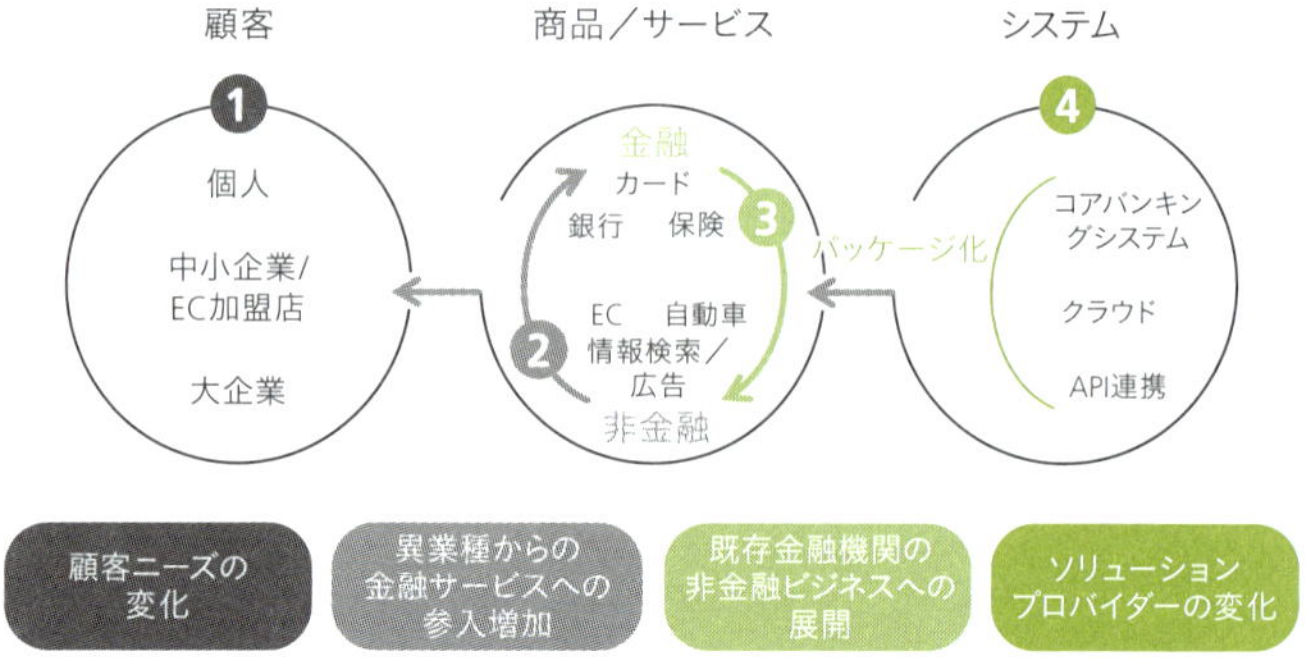

メガバンクなどの老舗大手金融機関信奉はなく、金融サービスをデジタル機器を通じて提供される他のさまざまなサービスと同列に捉え、露出度の高い新規参入事業者のパーソナライズされた商品・サービスに慣れ親しんできた。また、コロナ禍を機に、対面サービスよりもオンラインサービスを好む傾向が世代を問わず高まった。デジタルチャネルを通じたサービス利用では、従来、金融機関で主流だったセールスモデルである、対面による後押しも通用しにくくなる。いっそう確実にニーズに行き着く商品・サービスが求められる。

企業向け金融の分野でも、フィンテックや非金融プレイヤーの参入を受けて、顧客企業は借入、国内外の決済、運用などの金利・手数料を厳しくチェックし、より好条件での取引を求めるようになってきた。同時に、EC（電子商取引）サイト加盟店など中小企業の間では、消費者のEC利用の増加に伴い、運転資金や季節性資金、ファクタリング（売掛債権の買い取りサービス）へのニーズも高まり、新たな成長セグメントとして注目される。

大手企業では、既存設備の脱炭素化に向けたトランジション・ファイナンスが、中小企業においてもCO_2排出権・自社電力の再エネ化に向けた環境価値の購入など、産業の枠を超えて新たなニーズが生じている。

2 異業種からの新規参入、および提携の増加

非金融プレイヤーが金融サービスを始める動きが加速している。新規参入の道筋は大きく3つ考えられる。①金融インフラをゼロから自前でつくる、②フィンテックや既存金融プレイヤーの事業やケイパビリティ（組織能力）を買収、または提携を通じて獲得する、③金融のバックエンド機能は既製のクラウド・パッケージを活用し、自社はフロントエンドの商品サービス、UX（ユーザーエクスペリエンス）／UI（ユーザーインターフェース）、ブランディングを磨いて、顧客獲得・エンゲージメントの強化に注力する。②や③のパターンであれば、伝統的なアセットを持たなくても金融サービスに参入できる。

その結果、デジタルプラットフォームを通じて日々の生活シーンで顧客と頻繁に接し、粘着性の高い関係を構築しているプレイヤーが、日常の購買からライフタイム・イベントまで総合的に囲い込み、そこに金融サービスを加えて顧客満足度を高めるアプローチが、新たな勝ち筋となってきている。

たとえば、ある国内ＥＣプレイヤーは、共通ポイントでユーザーのエコシステム内での購買インセンティブを高めながら、付随する金融ニーズを取り込むためにカード事業、銀行、証券、保険サービスを展開してきた。エコシステム全体が持続的に成長するこの仕組みの構築により、すでに従来の大手金融機関に引けを取らない存在感を示すようになっている。グローバルネット系企業も普及の遅れるキャッシュレス決済を成長分野とみなし、日本のフィンテック企業を買収して攻勢を試みようとしている。

また、保険分野においても、ヘルスケアなどの領域との組み合わせで従来の保険商品以上の付加価値を生む発想や、デジタル技術を活用して従来の業務を抜本的に変える新興企業との提携などが見られ、既存の枠を突破する動きが広まりつつある。

3　規制緩和による非金融ビジネスへの進出

２０２１年の銀行法改正により、事業会社への投資／出資上限が引き上げられるとともに、業務範囲の制限が大幅に緩和された。自社が構築してきた顧客基盤（法人、個人）およびデータを活用しながら、これまで制限されていた広告事業、人材派遣、自社システム／ソリューションの外販などの非金融領域へと展開することが可能になった。

4 金融ビジネスを裏で支えるソリューションプロバイダーの変化

これまでは各銀行が重厚長大な基幹系システムを開発、提供、メンテナンスしてきたが、金融機能のアンバンドリングやリバンドリングにより、フロントエンド機能、洗練されたＵＸ／ＵＩ、柔軟なＡＰＩ（アプリケーション・プログラミング・インタフェース）連携なども含めてパッケージ化し、既存の、そして新規のプレイヤーに幅広く展開するための検討が加速している。銀行によっては、デジタルバンキング向けシステムをパッケージ化して販売することで、金融プレイヤーの新たなデジタルバンキングの展開や素早いモバイルアプリ開発のサポートをビジネスにつなげる余地を検討している。このように、既存の金融機関もシステムの利用者からソリューション／サービスの提供者へと転身を図ることができる。

加えて、一部のテックソリューションプロバイダーは、ネット系の銀行に対してシステムを提供してきた経験をテコに、今後は他業界の企業に対しても金融ビジネス展開のツールとしてBaaSを提供することを検討している。金融プレイヤーとソリューションプロバイダーの関係性は、さらなる多くの変化が起きるタイミングに来ている。

金融産業のプレイヤーが押さえるべき3つのポイント

こうした4つの経営環境の変化はビジネスチャンスにもなりうるが、部門や事業ラインごとにサイロ化した組織を基盤にプロダクトアウト発想で収益機会を追求してきた金融機関にとっては、古い体質が足かせとなりかねない。顧客目線でサービスを考えてグループ全体で価値提供する組織能力が不足すれば、非金融プレイヤーほど自由な発想で新しい機会をつかむことはできないだろう。環境変化を味方につけて競争優位性を高めるためのポイントは3つある（図表2）。

ポイント1　顧客目線でフロント体制・サービスインフラを全体最適化する

従来型の、自社を起点としたプロダクトアウトの発想・アプローチから抜け出す必

図表2 競争優位性を高める3つのポイント

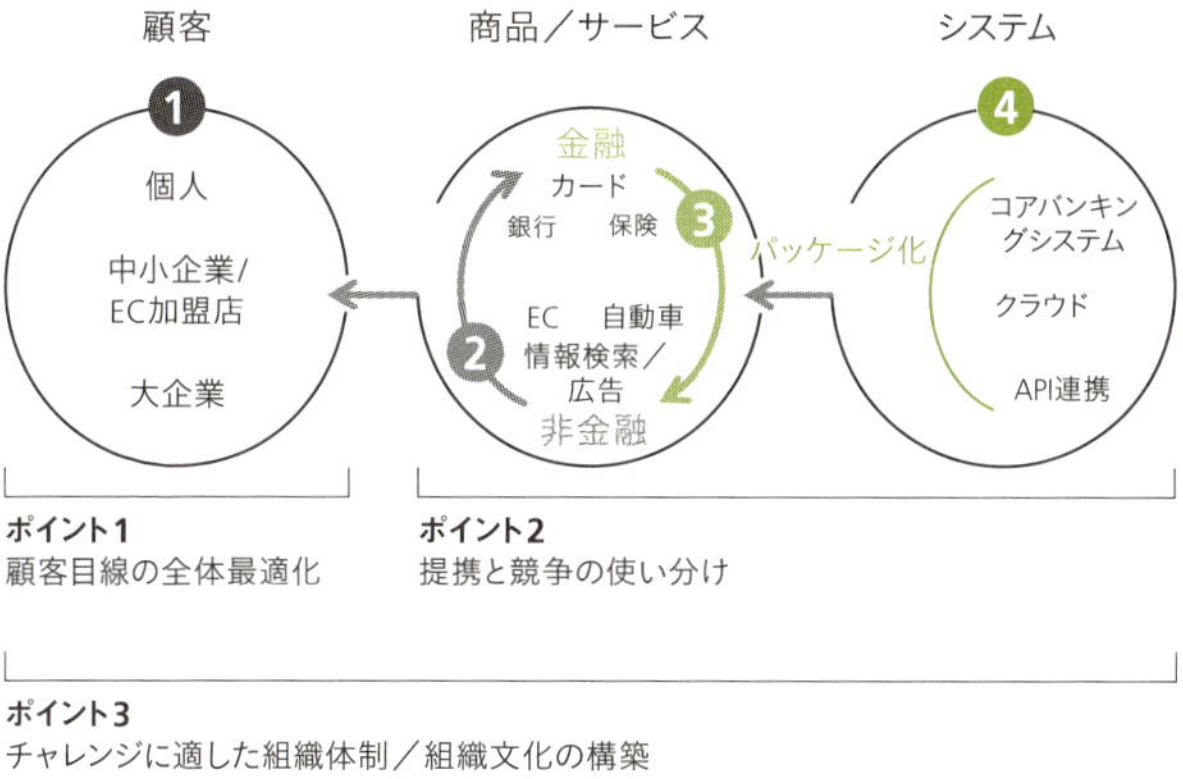

要がある。特に重要なのが、エンドユーザーや消費者を起点に商品やサービスを総合的に編成し、共通ポイントなどのインセンティブを提供することだ。これにより、エコシステム全体に横串を刺す形で価値を創出して顧客一人ひとりのライフタイムバリューを高められる。

既存の金融プレイヤーは、グループ内の事業体や部門ごとにサイロ化し、同じ顧客であっても利用するサービスごとにIDやアカウントがバラバラに管理されているため、グループ全体で情報が集約されていないことが多い。その結果、効率的なマーケティング活動ができずに苦戦を強いられてきた。

加えて、今まで前提としてきた顧客ニーズや、顧客との接点のあり方は、長年見直されてきていないために、すでに実態と乖離していることが多い。対面や電話でのプッシュ型の営業へのこだわりが強すぎるがゆえに、顧客の利便性を向上させられないまま、徐々に顧客が流出していく例も少なくない。

かたやネット系のサービスプロバイダーは、顧客にとって魅力的な共通ポイントを用意し、ポイント還元率を高く設定することや、確実にニーズがある商品・サービスにうまく誘導する仕掛けを作ることで、自社が形成するエコシステム内での購買意欲を刺激し、顧客1人（ID）あたりのライフタイムバリューを高めている。

こうした状況を踏まえて、動きの速い金融プレイヤーは、フロント体制・サービスインフラの変革を含め、顧客視点でサービスを見直し、モバイルアプリを開発してキャッシュレス化に対応したり、1つのアカウントで全商品・サービスを扱えるようにしたりと、新しい試みに乗り出そうとしている。

ポイント2　提携と競争を使い分ける

これまでの「友」と「敵」の捉え方や定義を大きく変える。非金融プレイヤーの参入やソリューションプロバイダーの変化をチャンスの拡大としてポジティブに捉え、提携や協働を通じて、自社の新たな成長エンジンとして取り込んでいく。

たとえば、非金融プレイヤーの参入を支援することで、新たな収入源を確保できる。実際に、ある大手小売が消費者金融サービスを導入する際には、既存の金融機関やフィンテックと協働して与信判断やクレジットスコアリングモデルを構築した。また、提携のモデルでは、大手自動車メーカーがサブスクリプション型の新車販売サービスを促進する際に、自動車の残価をベースにしたクレジットスコアモデリングではなく、金融機関と共同で、個人の信用リスクを判断してプライシングを変える新モデルの開発に取り組んだ例もある。

金融プレイヤー自身が新領域に進出する際には、「敵」となりうる新規参入組のネット専業プレイヤーやフィンテック事業者と提携する道も考えられる。足りない組織能力を補い、自社単独では構築しにくい専門性、知見、ノウハウを一気に獲得できるかもしれない。

大手企業が単独ではマネタイズできていない顧客データを、情報銀行機能を持つ金融機関(保険会社を含む)が預かり、他プレイヤー向けの広告サービスを展開したり、当該企業のクロスセルマーケティングを支援したりして価値を付加するようなやり方も考えられる。チャネル最適化においても、異業種連携の可能性が広がってきている。各業態、人による対応を前提に高コスト構造の拠点を設置してきたが、デジタルによるセルフサービスの普及や収益構造の抜本的見直しへの対応などで、複数の業態が共同で拠点網を構築する余地も出てきている。

パッケージ化したソリューションを展開するプロバイダーとも敵対するのではなく協業し、ＢａａＳの形で必要な機能を提供していけば、新たな収益機会につながる。

ポイント3　チャレンジしやすい組織体制・組織文化を構築する

非金融プレイヤーが金融サービスに参入する時には、顧客起点での商品／サービス設計、ＵＸ／ＵＩデザイン、ＩＴアーキテクト／ソリューション開発を担う多様なプロフェッショナル人材を外部から採用・登用することがほとんどだ。市場実勢に応じた報酬体系を導入し、優秀な人材を確保・保持して、新しい価値を生み出している。

一方、従来の金融機関ではルール厳守や作業の正確性が厳しく要求されることが多く、組織が保守的、硬直的になりやすい。こうしたいわば減点主義のなかではミスを恐れて、新しい価値・サービス創出に積極的に取り組みにくいので、チャレンジを許容する組織文化の醸成が極めて重要になる。ゼネラリスト中心の画一的な組織のあり方から脱するために、多様な専門人材を惹きつけられる人事・評価・報酬体系を導入するとともに、自社のパーパス（存在意義）を明確に示し、各個人がその企業で働く理由を再確認して共有できる仕組みも整備しなくてはならない。

実際に、ある大手金融機関では、モバイルアプリ・サービスを強化して非金融領域に参入するためには、多様なプロフェッショナル人材が必要だと考え、人事制度を抜本的に見直した。外部からプロ人材を登用したのをきっかけに、国内外のプロパー社員も巻き込んで、なぜこの組織で働くかという意義を明らかにしたパーパスステートメントを作成し、グローバルで統一を図り、経営陣と社員とのエンゲージメントを強化している。なお、チャレンジを許容する環境や専門性の高い人材がそろっていれば必ずうまくいくとも限らず、多くの企業では社員の主体性と思考力の強化にも励んでいる。背景には、大企業では長年、固定的な個別業務の遂行を中心とした役割を社員に求めてきたこと、加えて現状にチャレンジしないほうが減点にならず出世しやすい組織文化が根強いことがある。

新たなビジネスモデルに切り替えようとしたときにはなかなか組織の動きがついてこないため、トップダウンの意思決定だけではなく、ボトムアップの推進力の強化も重要なアジェンダとなっている。

具体的な進め方

次に、3つのポイントをそれぞれ実践するための具体的なステップを紹介する。

顧客視点での全体最適化

1つ目の顧客ニーズの変化への対応にあたっては、いきなり手段や仕組みの検討から入るのではなく、最初に顧客の定義を広く捉え直す必要がある。今後ビジネスを拡大するためには、どのような顧客をターゲットにすべきか、先入観を捨てて白紙状態から考えてみる。個人顧客（B2C）、法人顧客（B2B）、法人顧客経由で接点のある個人顧客（B2B2C）まで視野に入れて、自社の戦略領域や世界観を広げ、中長期的に成長が見込まれる顧客セグメントを戦略的に捉えてみよう。

たとえば、これまで大手企業を主なターゲットにしてきたプレイヤーのなかには、ECサイトやクレジットカードの加盟店に多い中堅中小企業を新たにターゲット顧客セグメントに加えることで、今まで対応が手薄になっていた中小企業のファイナンスニーズを捕捉できると考えるプレイヤーも出てきている。あるいは、設備投資余力やデジタル系の専門人材、組織能力に課題を感じている地方銀行や、金融収益を新たな柱にしようとする事業者をターゲットに加えれば、ＢａａＳや金融プラットフォーマーとしてのビジネスチャンスが拡大するかもしれない。

顧客を再定義したうえで、デジタルサービスの新規開発でよく使われる、顧客起点でのアプローチを進めていく。すなわち、カスタマージャーニーを見える化し、顧客にとって悩みの種であるペイン・ポイントや未充足ニーズを洗い出した後、顧客満足度や成約率の向上につながる「あるべき」カスタマージャーニーやＵＸ／ＵＩのコンセプトを具体化する。顧客の声も取り入れながら、そのカスタマージャーニーを修正し、ＵＸ／ＵＩを実装する。

これは王道の進め方ではあるが、なかには昨今のデジタルトランスフォーメーション（ＤＸ）の波に乗って、何となくカスタマージャーニーやＵＸ／ＵＩのコンセプトを考えただけで終わる企業も多い。各部署の間のトレードオフによって最適な顧客目線の最適な判断が行われず、現状から大きく変わらない、ほんの少しの改良にとどまる現象がよく起きる。そうした表層的な改善では、顧客目線に立った全体最適化は実現できない。部門、事業体、商品にまたがる全体的な観点で事業採算性を考えたり、インセンティブ制度を変更したりして、あらゆる関係者が連携しやすくなるレベルにまで踏み込んでメスを入れることが重要となる。

さらに、現状ではバラバラに管理され、時には重複発行していた顧客IDや口座、法人顧客アカウントを、グループやエコシステムにおける共通ID／アカウントに統一してあらゆる取引、コミュニケーションを一括管理する。そのうえで、ライフタイムバリューや中長期でのエンゲージメントを向上させる観点でコスト分担や利益配分を見直す。実際に、あるEC事業者はそこまで踏み込んで全体を設計し直した結果、エコシステム全体のライフタイムバリュー向上が共通目的となって、一貫性のあるマーケティングやクロスセルが実行されるようになり、事業成長に寄与している。

ベストな提携／協業のやり方をさぐる

提携や協業の検討は、自社の戦略目的や中長期目標の達成に照らして、新たに参入／挑戦すべき領域を見極めるところから着手する。各市場の規模、成長性、収益性を素早くスキャンするとともに、市場内の競争環境や主要プレイヤーの動きを調査し、各市場のKSF（成功要因）や必要な組織能力を特定する。成長を取り込むためには、新規事業領域や海外の成長市場も含めて俯瞰的に見て、どの領域が魅力的であるかを検証する。さらに、自社戦略とのフィット感や戦略的な意義を明確にしたうえで、自社にとって意味のあるオプションを複数導出していく。

こうした検討を行う際には、社内だけで議論すると、どうしてもこれまでの得意領域や成功してきたビジネスの延長線上で考えがちになり、自社にない組織能力を外部から補完しようという発想も出てきにくい。その結果、いわゆる「コンフォートゾーン」から抜け出せずに斬新的な進化を続けるにとどまり、戦略的に大きなジャンプとなる一歩を踏み出せなかったり、成長領域に飛び込めなかったりするので注意したい。

参入市場が決まったら、ベストな提携／協働相手の選定に移る。その際に重要になるのが、「従来と違う発想」を取り入れることだ。金融プレイヤーは自前主義の傾向が根強く、自社単独では獲得や構築が難しい組織能力についても、自社人材で何とか乗り切ろうとしがちだ。しかし、勝手の違う新領域では、どんなプレイヤーや提携先候補がいるのか、誰がベストの相手なのかもわからず、適切な分析や検討ができない可能性がある。すべて自力で調べようとすれば時間がかかり、競合が先に有力な候補先と組んでしまうかもしれない。

ここでもその分野の知見を持つエキスパートや外部との提携を活用して、「時間を買う」戦略が不可欠になってくる。候補先について、ビジネスモデル、技術力、人材の観点から、どのように補完できるかを評価したうえで、自社との提携の実現性や提携方法について具体的な仮説を立て、実際に交渉に臨む。

交渉がまとまり、戦略提携やジョイントベンチャーの設立を発表しただけで満足してはいけない。大手企業同士でジョイントベンチャーをつくったものの、事業の進め方、マーケティング手法、リスクのとり方などで足並みがそろわず、結局、実証済みのやり方を掛け合わせる程度にとどまり、新しい価値を生み出せないことも多く見受けられるからだ。

投資家やステークホルダーが期待しているのは、参入戦略の機略、ロジック、提携そのものではなく、実際に新たな価値を創出し、ビジネスとして成果を出すことである。相手企業とうまく協業しながら、新しいビジネスモデルや収益モデルを試し、迅速に成果を示す必要がある。両社ともに馴染みのない方法だとしても、あるべき姿を起点に新しい方法を選択し採用するためには、グローバルに目を向けて、金融×他業界のクロスインダストリーのベストプラクティスや最新事例、新しいビジネスモデルやマーケティング手法を参考にしよう。

組織体制、組織文化の変革

組織体制の変革や新たな組織文化の醸成で真っ先にやるべきことは、自社の中長期目標や戦略の実現のために必要となる人材ポートフォリオを具体化することだ。必要な専門人材を定義し、将来のあるべき人材ポートフォリオを定量的に明らかにする。従来の、年功序列を前提とした、ゼネラリスト主体の画一的な組織では新しい価値を創造して顧客の満足度を高めることは難しい。各分野でトップクラスの知見やスキルを持つ専門人材が活躍する多様性のある組織を目指して、人材ポートフォリオの幅を広げ、専門性を高めていく必要がある。専門人材を採用・登用・維持するためにあるべき人事制度と既存制度とのギャップも明らかにし、どのように調整すればよいかを検討する。それに伴い、人事部門にすべての人事機能が集約されている体制から、場合によっては人事権をより事業部門寄りにシフトさせていく動きも求められる。

次に、多様な人材が協業しやすい働き方に変更する。特に効果的なのが、ウォーターフォール型の硬直的なやり方を見直し、各プロジェクトのミッションやタスクに応じて、最適な人材を集めた部門横断のチームを編成して、スピード重視で進めるアジャイルなチーム運営を取り入れることだ。もちろんアジャイル方式が適さない業務もあるので、分野やプロジェクトを特定したうえで、トライアルを行い、調整していく。その際には人事評価の仕組みやリソース配分のコントロールの抜本的な見直しも必要となるため、大きなチャレンジとなるが、私たちの経験では、これを実施した企業はおよそ3~4割の生産性向上が得られている。

一朝一夕にはいかないのが、組織文化の変革である。社員の行動様式の根底にある減点主義から脱却できるかどうかがカギとなる。大幅な権限委譲をして、プロジェクト単位や現場で個々人が判断しながら、新しい価値創造に自律的に取り組める環境をつくる。そして何よりも重要なのが、CEOが組織文化の変革にコミットすることだ。本部・支店・海外などでの成功事例の表彰制度を設けたり、メールやSNSを駆使して国内外に向けて効果的な手法でメッセージを発信したりすることで、社員の共感や納得感を引き出す必要もある。

経営リーダーに求められるアクション

最後に、経営リーダーに求められるアクションを5つ挙げたい。

アクション1　金融にとらわれない将来像を描いて内外に示す

金融機関の株価・時価総額は長らく低迷している。経営環境の変化によって、現状のままのビジネスでは収益が先細りすることは明白であり、社内外で先行きへの不安感が広がっている。しかし、視野を広げてみれば、成長市場やビジネスチャンスは間違いなく存在する。経営トップは、10年後、20年後、30年後を見据えて、自分たちが新たな金融プレイヤー、あるいは金融プラットフォーマーとして、どのような姿を目指すのかを明確化し、わかりやすい言葉で内外に伝えなくてはならない。

法改正で自由度が高まったとはいえ、社会インフラを担う立場にある金融機関が守るべき規則や規制は多い。新たな将来像を構想し実行に移す過程では、金融監督当局・行政と密接に連携し、時にはさらなる規制緩和を促す必要があるかもしれない。自ら行政を巻き込んで市場を創造していくという発想も求められる。

アクション2　多様な領域の知見を吸収し、戦略構想や実行に活用する

金融のプロとしての専門性を有するだけでは、今後の金融機関の全社経営において難しい局面に直面するだろう。CEOとして、これまで以上にアンテナを高く広く張り巡らせて情報を収集し、知見をためることにより、自社の中長期の戦略や目指す姿の構想、新しい領域への参入に役立てたい。過去の経験や勘に頼るだけでは通用しない状況が増えているので、ワンランク上のレベルの知識やマネジメント・ケイパビリティを獲得すべく、学習能力や統合能力に磨きをかける必要がある。

アクション3　経営チームのダイナミクスを理解し、強化を図る

従来の比較的単純な事業運営の体制では経営チームの役員がそれぞれ自分の担当領域を進めることが多く、互いの連携はそれほど求められてこなかった。結果として、CEOも役員それぞれと連携できていればよかったため、経営チーム内のダイナミクスや、その背景にある個々のメンバーの得意、不得意、リスク許容度の差を強く意識せずに、経営の議論が進められてきた。

今後は、単一のカルチャーやゼネラリストだけで構成される経営チームでは対応しきれない局面が増えてくるので、多様な専門性、バックグラウンド、経験を持つ、尖った経営人材をうまく登用するとよい。各役員の責務やミッションが複雑化し、意思決定の重みも増してくるので、相互に補完しながら、建設的な議論できる経営チームを目指す。

アクション4　戦略的に時間を配分し、CEOにしかできないことに集中する

変化が速く、想定外の事象が不規則に発生する時代、CEOがすべてのことを判断し決定することがますます困難になっている。全社的なリスクを総合的に勘案しながら、他の人に任せられるところは思い切って権限委譲し、最も重要なアジェンダに自

分の時間を使った方がよい。

現状の時間配分を見直し、重要な課題やステークホルダーに十分に時間を充当できていないとすれば、その原因を分析し、解決を図る必要がある。各事業部門・現場でリーダーや社員が判断できる体制や、必要な情報をリアルタイムで吸い上げられる仕組みをトップ主導でつくることにより、変化が起きたときに迅速果断に対応できるようにする。

アクション5　制度や組織文化の変革を先頭に立って推進する

日本の金融機関の多くは、デジタルツールの導入や非対面チャネルへのシフトなどDXに取り組んでいるものの、最先端を行くグローバル金融機関やフィンテックと比べると、大きな成果や変革の実現には至っていないのが実情である。

その真因は、日本の金融機関に根強く残る年功序列や減点主義、業績／人事評価制度、生産性よりも長時間働くことをよしとする考え方にある。DXやアジャイルなど最先端の手法をどれほど入れても、それが表層的な対応にとどまり、組織や社員の行動様式の根底にある文化や思想の刷新につながらない限り、真の価値創造や挑戦は実現しない。

ＣＥＯが各部門に任せたつもりでも、担当部門や役員レベル、個々人の想いや努力だけでは抜本的な変革は難しい。ＣＥＯが自ら推進リーダーとなり、新しい組織文化を率先して体現し、成功事例をつくり出しながら、制度や文化の変革を推進することが大切である。

エネルギー

脱炭素化を機会としたポートフォリオの再構築

Chapter.

8

Introduction 8

エネルギー産業にとって、脱炭素化は自らの産業の破壊的な変化である。既存アセットのトランジションなどの対応が必要になるのは確かだが、自社を温室効果ガスの排出源と考えるだけではなく、他産業の脱炭素化を支援するパートナー、社会の根本的なニーズに応えるソリューションを提供する主体と位置づける発想も求められる。エネルギー企業がこれまで以上に社会に大きな価値を提供する企業へと変革するために重要となる４つのポイントについて考察する。

Author

瀧川哲也 Takigawa, Tetsuya

ＢＣＧマネージング・ディレクター＆パートナー

京都大学教育学部卒業。伊藤忠商事株式会社を経て現在に至る。

ＢＣＧエネルギー・プラクティス、オペレーション・プラクティス、産業財・自動車プラクティスのコアメンバー。

加速化する脱炭素への流れ

エネルギー産業は4つのDと呼ばれる大きな経営環境変化のなかにあるといわれる。すなわち、Depopulation（人口減少、過疎化）、De-centralization（分散化）、De-carbonization（脱炭素化）、Digitalization（デジタル化）であり、これにDeregulation（自由化／規制緩和）を加えて5つのDとすることもある。人口減少や過疎化は需要の縮小につながる可能性があり、再生可能エネルギーなどの小規模電源が分散して存在する分散型エネルギーシステムへの移行では、従来型システムと分散型電源の統合や供給の安定化などが課題となる。また、デジタル化はデータの活用、自動化、顧客接点のデジタル化など多様な側面からの変化を促し、顧客とのやりとりからオペレーションを含めたサービス提供のあり方までを大きく変革する可能性を持つ力として働いている。

これらはそれぞれ大きな潮流ではあるが、予想をはるかに上回る速度で加速し、経営に大きなインパクトを与えているのが、De-carbonization（脱炭素化）の流れである。加速化の契機となったのはいうまでもなく当時の菅首相が2020年10月、所信表明演説で2050年までのカーボンニュートラル実現を表明した「カーボンニュートラル宣言」である。これは、パリ協定などの国際的枠組みに則った目標・戦略ではないが、脱炭素化は社会的使命でもあり、グローバルではすでに120カ国以上が2050年のカーボンニュートラルを宣言していることも鑑みると、2022年は脱炭素化の検討がこれまで以上に本格化する年になると考えられる。

脱炭素化は脅威か機会か

脱炭素化は多くの産業にとっては外部環境の変化だが、他産業にエネルギーを供給するエネルギー産業の視点からは自らの産業の破壊的な変化を意味し、それゆえに脅威として語られることも多い。脱炭素への流れがエネルギー企業の保有するアセットに与える影響は大きく、既存アセットのトランジション（移行）検討の重要性が増していることは確かである。たとえば、電力事業であれば発電の低炭素化、ガス事業であれば導管ネットワーク、石油事業であればサービスステーションのネットワークなど、これまで長年かけてつくり上げてきた、競争力の源泉ともいえる主要アセットのあり方が検討の俎上に載せられている。

これらは脱炭素化という脅威への「守り」の側面の取り組みにあたるが、今後は脱炭素化を新たな競争優位性を生み出す機会と捉えて、新しいビジネスやソリューションを創出することも重要となる。エネルギー企業としての自社を温室効果ガスの排出源と考えるだけではなく、他産業の脱炭素化を支援するパートナー、社会の根本的なニーズに応えるソリューションを提供する主体と位置づけ、事業ポートフォリオを再構築する、という発想である。

脱炭素化のみならず、大きな経営環境変化が生じた際には、変化を機会として捉えて戦略を再構築すべきという議論が交わされるのが常だが、実行は簡単なことではない。しかし、グローバルに目を転じると、エネルギー関連企業のなかには脱炭素化を軸にビジネスモデルを変換し、企業価値創出や業績向上を実現している企業もある。

脱炭素化を軸にビジネスモデルの転換を進める海外先進企業

グローバルでは一部のエネルギー企業が脱炭素化を機会とした事業ポートフォリオの再構築に先行して取り組み、すでにそれが企業価値にも反映されている。図表1は再生可能エネルギーに軸足を移したエネルギー企業（イタリアのエネルグループ、スペインのイベルドローラ、フィンランドのネステ、アメリカのネクステラ・エナジー、デンマークのオーステッド）の年平均ＴＳＲ（株主総利回り）を石油ガス・メジャーやＳ＆Ｐ５００の構成企業、またアマゾン、アップル、フェイスブック、グーグルなどの大手ＩＴ企業と比較したものである。本表からはこれらの企業は株主価値の側面で大手ＩＴ企業と同レベルのパフ

図表1　先進的エネルギー企業と大手IT企業のTSR

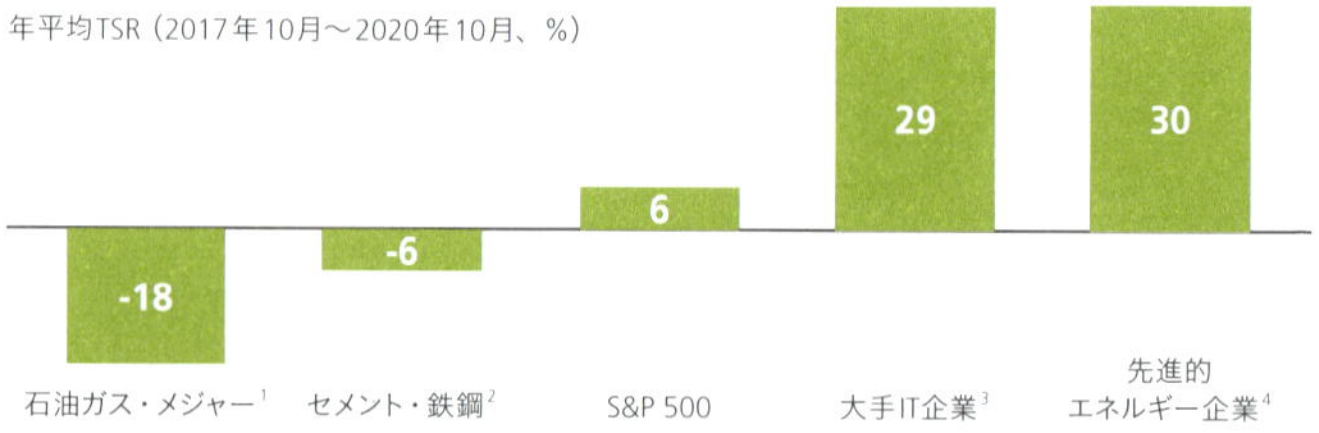

注：TSR=Total Shareholder Return、株主総利回り。各カテゴリーの企業の単純平均。各社発表の財務情報の通貨ベース
1. 石油ガス・メジャー：BP、シェル、エニ、エクソンモービル、シェブロン、トタル、エクイノール
2. セメント・鉄鋼：主業種がセメント、鉄鋼の732社
3. アマゾン、アップル、フェイスブック、グーグル、マイクロソフト、セールスフォース
4. エネル、イベルデローラ、ネステ、ネクステラ、オーステッド
出所: S&P Capital IQ、BCG ValueScience® Center、ボストン コンサルティング グループ分析

ォーマンスを上げていることが見てとれる。

次に、エネルギー関連企業が脱炭素化やサステナビリティを軸にビジネスモデルを再構築した例として、フランスのシュナイダーエレクトリックを紹介したい。同社は環境変化を機会と捉え、早期から持続的にビジネスモデル再構築に取り組み、サステナビリティのグローバルリーダーへと変貌を遂げている。

シュナイダーエレクトリックはフランスを拠点とした伝統的な電気設備会社だったが、サステナビリティにおけるリーダー企業になるというビジョンのもとビジネスモデルの再構築に取り

組み、それを実現してきた。具体的には、2007年にエコストラクチャー（EcoStruxure）を導入し、これを基盤にビジネスモデルの多くの部分を構築している。エコストラクチャーは高度なデジタルツール、アナリティクス、IoTを駆使して、ビルやインフラ、データセンター、送電網、産業のデータを管理し制御を行うプラットフォームだ。

エコストラクチャーを通じて約50万拠点に及ぶ顧客のエネルギー消費とサステナビリティフットプリントを管理する仕組みをつくり出すことで、同社は現在、顧客全体で年間9000万トンのCO_2削減に貢献している。同社の年間売上高は2007年の150億ユーロから2019年には270億ユーロに増加し、2021年1月にはクリーン・キャピタリズムを表明するカナダのメディア・調査会社コーポレートナイツにより、世界で最もサステナブルな企業に選出された。

脱炭素化を機会として競争優位性を高めていくうえでのポイント

エネルギー企業が脱炭素化を機会として競争優位性を高めていくためにはどのような取り組みが重要となるか。ポイントは主に4つある（図表2）。まず、既存事業については既存エネルギー源の低炭素化とともに、「①新たなエネルギーの活用」、新規事業

図表2　脱炭素化を機会として競争優位性を高めるためのポイント

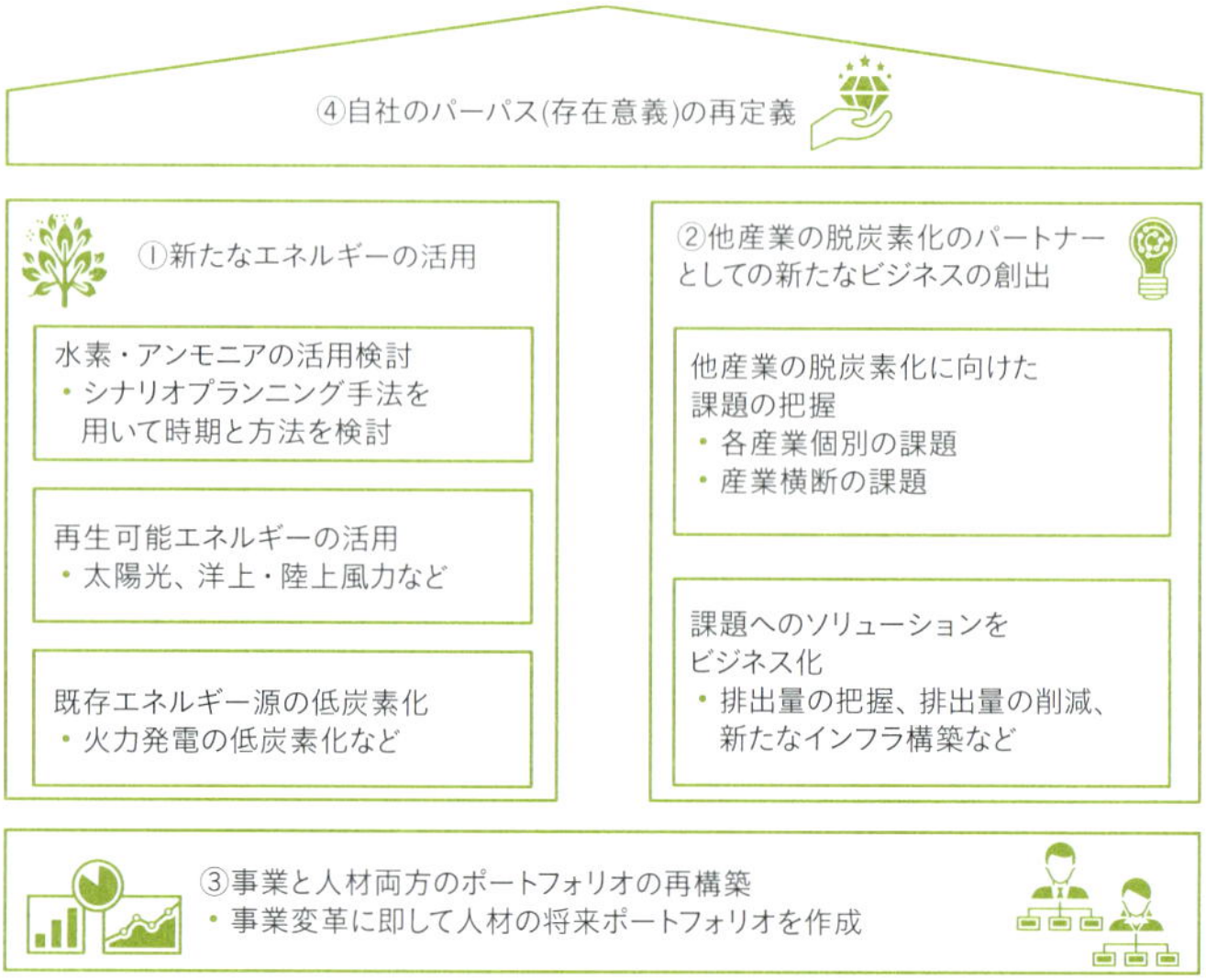
④自社のパーパス(存在意義)の再定義
①新たなエネルギーの活用
水素・アンモニアの活用検討
・シナリオプランニング手法を用いて時期と方法を検討
再生可能エネルギーの活用
・太陽光、洋上・陸上風力など
既存エネルギー源の低炭素化
・火力発電の低炭素化など
②他産業の脱炭素化のパートナーとしての新たなビジネスの創出
他産業の脱炭素化に向けた課題の把握
・各産業個別の課題
・産業横断の課題
課題へのソリューションをビジネス化
・排出量の把握、排出量の削減、新たなインフラ構築など
③事業と人材両方のポートフォリオの再構築
・事業変革に即して人材の将来ポートフォリオを作成

の領域では「②他産業の脱炭素化のパートナーとしての新たなビジネス創出」の検討が挙げられる。加えて、これらの取り組み全体の基盤となる「③事業と人材両方のポートフォリオの再構築」、最後に、経営層が全社を束ね、取り組みを進めるうえでは、「④自社のパーパス（存在意義）の再定義」が求められる。以下では、この4つのポイントそれぞれについて概説したい。

① 新たなエネルギーの活用

1つ目のポイントは「新たなエネルギーの活用」である。脱炭素化に関わるエネルギーとして足元では太陽光や風力などの再生可能エネルギーの拡大展開が進められているが、中長期的にはアンモニアや水素などの新たなエネルギーの活用本格化に向けた検討が必要になる。

「燃料アンモニア産業」や「水素産業」については、2020年12月の成長戦略会議で報告された「2050年カーボンニュートラルに伴うグリーン成長戦略（以下、グリーン成長戦略）」のなかで、洋上風力産業や原子力産業とともに、成長が期待される重要分野の1つとして実行計画が示されている。だが、本格導入に向けては乗り越えるべきハードルがある。それぞれについて、概要と課題を見ていきたい。

・アンモニア

アンモニア利用の歴史は古く、従来から肥料の原料や化学製品の基礎材料として活用されてきた。そのアンモニアがエネルギーとして注目されている理由の1つは燃焼時にCO_2を排出しないカーボンフリーの物質であることだ。火力発電所でのアンモニア混焼や船舶用燃料としての利用が想定できる。また、水素と窒素で構成されるアンモニアは、水素のキャリア（輸送媒体）としても注目されている。水素の大量輸送には液化が必要だが、その液化温度はマイナス253度という低温だ。一方、アンモニアはマイナス33度で液化するため、刺激臭や毒性により取り扱いには留意が必要ではあるが、他キャリアと比較して輸送や貯蔵のハードルが相対的に低くなる。

新たなエネルギーとして期待が高まるアンモニアだが、普及に向けた課題が大きく2つある。第1はサプライチェーンの構築である。グリーン成長戦略においても、日本がコントロールできる調達サプライチェーンの規模の目標として、2050年で1億トンという数値が掲げられている。2019年時点のアンモニアの世界全体の生産量が約2億トン、その9割が自国内で消費されていることを考えると、国境を越えた大規模なサプライチェーン構築は大きな課題といえる。

第2にコストダウンが挙げられる。グリーン成長戦略では「2030年には、現在の天然ガス価格を下回る、N㎥－H2あたり10円台後半での供給を目指す」とあるが、実現に向けては原料となる水素の製造コストの大幅な低減などが必要となる。

・水素

水素はアンモニアと同様、燃焼させてもCO_2を排出しないエネルギーである。主に、水を電気分解して製造する方法と天然ガスなどの化石燃料と水蒸気を反応させて製造する方法があり、再生可能エネルギー由来の電力を使って製造した水素は「グリーン水素」、化石燃料を用いて製造したうえで発生したCO_2を回収・貯留することでカーボンニュートラルを実現した水素は「ブルー水素」と呼ばれる。水素はさまざまな産業で活用余地があり、エネルギー産業では水素混焼・専焼発電、自動車・運輸産業ではFCV（燃料電池自動車）やジェット燃料、製造業では水素還元製鉄などが挙げられる。

グリーン成長戦略において2030年に最大300万トン、2050年に2000万トンと大規模な導入量が目標として掲げられている水素であるが、実現に向けてはアンモニアと同様にサプライチェーン構築と大幅なコストダウンが必要となる。コストダウンにおいては、水電解、液化、輸送、貯蔵などのバリューチェーン各要素におけるコストダウンが求められるが、特に水電解のコストダウンが最も寄与度が高いと考えられる。具体的には、水を電気分解するための電解槽と、電解時に用いられる電力、すなわち再生可能エネルギー発電のコストダウンがカギとなる。

アンモニアと水素の本格活用に向けてはさまざまな技術革新が必要であり、いつ経済性が見合うコスト水準に達するのか、どの技術が主流となるのかはいまだ不透明である。そのため、シナリオプランニングの手法を用いて一定の幅をもって将来シナリオを策定したうえで、技術開発・投資などの時期と規模を検討することが重要である。将来シナリオを策定する際の主な要素としては、水素価格およびその価格に影響を与える電解コストや再エネ発電コストに加えて、炭素税の導入有無やその価格、各国の電源構成や政策などが挙げられる。シナリオプランニングのアプローチ・方法論については、『ＢＣＧが読む経営の論点２０２１』でも詳説しているので参考にしていただきたい。

② 他産業の脱炭素化のパートナーとしての新たなビジネス創出

２つ目は「他産業の脱炭素化のパートナーとしての新たなビジネス創出」である。脱炭素化が求められているのはエネルギー産業だけではない。巨額のファンドや独自の施策によりカーボンニュートラルを達成する計画を発表したマイクロソフトのような例もあるが、企業単体で取り組めることには限界があり、多くの企業が脱炭素化実現に向けて頭を悩ませているのが現状である。産業横断で取り組むべきテーマも多い。

エネルギー消費の効率化や低炭素化に知見と技術を持つエネルギー企業にとっては、各産業の課題や悩みを捉え、他産業の脱炭素化を支援するソリューションを提供することが新たなビジネス創出につながりうる。

・他産業の脱炭素化に向けた課題を捉える

脱炭素化の実現に向けては各産業、業界においてさまざまな取り組みが検討されている。自動車では電化やFCV、鉄鋼産業では水素還元製鉄という新たな生産方法が検討対象となる。素材関連産業ではCO_2を素材として再利用するカーボンリサイクルが注目されており、民生・業務部門では、ZEH（ネット・ゼロ・エネルギー・ハウス）などの低炭素建築物の開発・推進やBEMS（ビルディングエネルギーマネジメントシステム）と呼ばれる使用エネルギー管理、自動制御による省エネルギー化などの取り組みが進んでいる。

これらは業界独自の施策であるが、産業横断的な課題や取り組みも少なくない。産業横断的課題は大きく「ⓐ排出量の把握」「ⓑ排出量の削減」さらに、「ⓒ新たなインフラの構築」に分類される。なかでもカーボンニュートラルに取り組むうえでの最初のハードルとなる、最もわかりやすい共通課題は「ⓐ排出量の把握」である。自社内の活動だけではなく、サプライヤーや顧客の活動における排出量も把握・測定することが求められる可能性があり、実行にあたってのハードルは高い。

また、「ⓑ排出量の削減」の観点でも共通する課題は多い。排出量削減の手段にはエネルギー消費の抑制と利用するエネルギーの低炭素化がある。これまでも進められてきた取り組みではあるが、従来と異なるレベルでの低炭素化実現が求められている。また、新たなエネルギー活用の観点では、水素等の調達バリューチェーンの構築や港湾設備などの「ⓒ新たなインフラ構築」も、個別企業単位で実行できるものではなく、産業横断での取り組みが求められる。

・他産業の課題へのソリューションをビジネス化する

「ⓐ排出量の把握」は、エネルギー企業がエコシステムをリードする役割を果たせる可能性のある領域である。排出量算定の代表的な枠組みであるSBT（Science Based Targets）では企業の排出量を3つのスコープに分けて捉える。スコープ1は企業自らによる直接排出、スコープ2は他社から供給された電気・熱・蒸気などの使用に伴う間接排出、スコープ3はスコープ1・2以外の間接排出である。エネルギー企業はスコープ2の供給主体であるが、エネルギーマネジメントソリューションの提供を通じてスコープ1や3にも密接に関与していることが多い。

多くの企業はサプライヤーなどを含むバリューチェーン全体の排出量の把握に課題

を抱えている。当該企業とサプライヤーの双方にエネルギーを供給するエネルギー企業がエネルギーマネジメントと合わせて排出量の見える化を提供することは、新たなビジネスの機会になるとともに、産業横断的な排出量把握の枠組みづくりをリードすることにつながる。

「ⓑ排出量の削減」は、エネルギー企業が長く知見と技術と経験を蓄積してきた領域である。排出量削減のうちの「エネルギー消費の抑制」については、エネルギー企業はすでにさまざまなエネルギー利用効率化ソリューションを開発し、顧客ごとにカスタマイズした価値提供を行っている。

「利用するエネルギーの低炭素化」については、供給するエネルギーの低炭素化はもちろんのこと、分散電源・蓄電池技術の発展や各種制度整備などに伴って、顧客が保有するサイト（土地や設備など）を活用したオンサイト型ソリューションや、オフサイト型のコーポレートＰＰＡ（電力供給契約）などのソリューションも提供しうる。また、グローバルではＥａａＳ（Energy as a Service）と呼ばれる、他のサービスとエネルギー供給を組み合わせた包括型のソリューションの開発も進んでおり、エネルギー企業が提供するソリューションやビジネスの幅の広がりが期待できる。

「ⓑ新たなインフラの構築」については、エネルギー企業の文脈では地域の観点が重要になる。国全体としてのインフラ構築が必要であることは確かであるが、同時に地域単位でのインフラ構築も重要である。水素のサプライチェーンを例にとると、地域によって既存のインフラや立地する産業が異なるため、地域として最適なインフラを構築しなければ非効率が生じる可能性がある。そのインフラの基盤の1つがエネルギー供給であり、各地域に根差した事業活動を行うエネルギー企業には地域のインフラ構築を担う役割が期待される。

このように、脱炭素化に向けた産業横断の課題はエネルギー企業にとって新たなビジネス創出のカギとなる。脱炭素化の知見・技術・経験を持つエネルギー企業がソリューションを提供することは、自社のビジネス創出にとどまらず、他産業の脱炭素化のパートナーとしての新たな社会的意義を創出するものと考える。

③事業と人材両方のポートフォリオの再構築

3つ目は「事業と人材両方のポートフォリオの再構築」である。1つ目、2つ目のポイントで挙げた取り組みを進めることは事業ポートフォリオの再構築につながるが、これを実現するのは人である。事業ポートフォリオ再構築にあたっては、企業グループ内での人材再配置が必要となり、また、新たなビジネスを実現するためには既存の

図表3　人材ポートフォリオ再構築のアプローチ

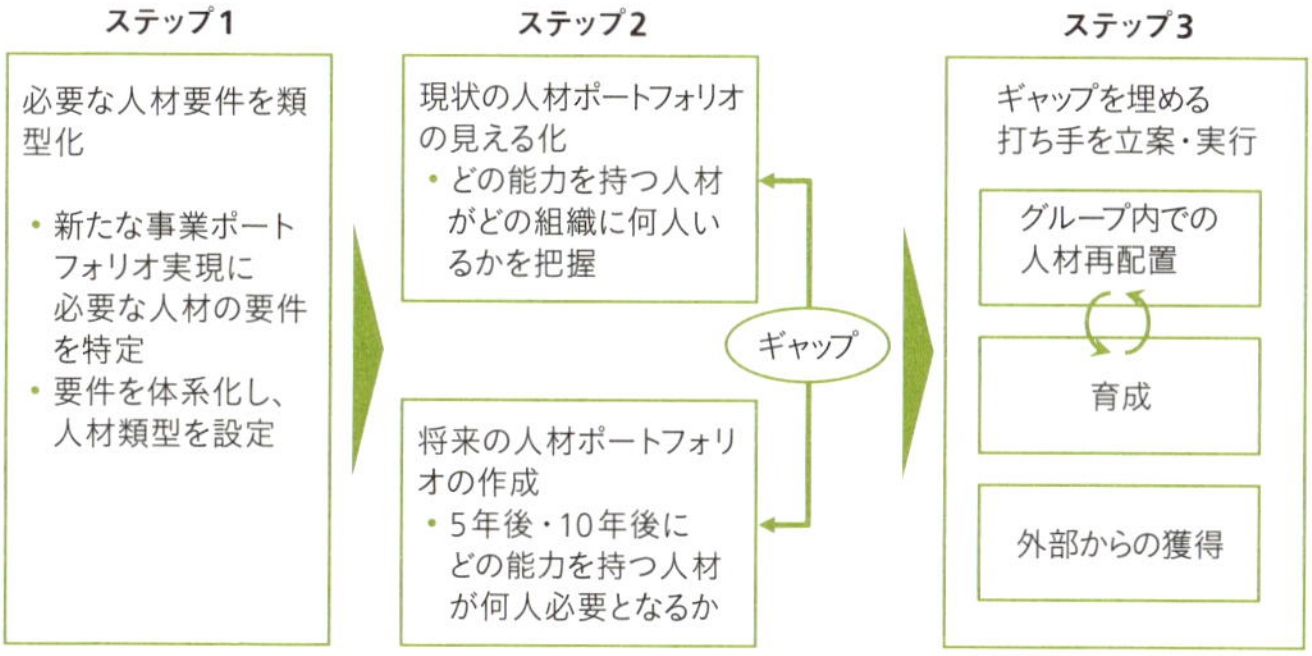
ステップ1
必要な人材要件を類型化
・新たな事業ポートフォリオ実現に必要な人材の要件を特定
・要件を体系化し、人材類型を設定
ステップ2
現状の人材ポートフォリオの見える化
・どの能力を持つ人材がどの組織に何人いるかを把握
ギャップ
将来の人材ポートフォリオの作成
・5年後・10年後にどの能力を持つ人材が何人必要となるか
ステップ3
ギャップを埋める打ち手を立案・実行
グループ内での人材再配置
育成
外部からの獲得

人材とは異なる能力や経験を有する外部人材の獲得も求められる。

　企業にとって人材は最も貴重な財産であり、それぞれの人材が有する能力を活かして活躍できる人材配置は特に重要である。ところが、ポートフォリオを再構築する際に投資計画（何にいつどれだけの投資をするのか）をあわせて再検討する企業は多いが、人員計画（どの事業にどのような人材をどれだけ配置するのか）を再検討する企業はそれほど多くない。

　エネルギー企業のような確立された事業を運営する大規模な企業では、各部門が一定の権限と責任を持って自律的に運営されているケースも多い。こうした企業では人材についても各部門においてキャリアパスが設計され、育成・異動計画が組まれているのが一般的だ。これらは事業ポートフォリオが大きく変わらない状況では十分に機能するが、事業ポートフォリオの再構築に向かう局面ではそうはいかない。部門間の異動や部門横断での育成、外部からの人材獲得の必要性がこれまで以上に高まるため、事業とあわせて人材ポートフォリオを再構築し、中長期的な人材再配置・育成・獲得計画を策定することが重要となる。

人材ポートフォリオの再構築には、必要な人材要件を類型化したうえで（ステップ1）、現状と将来の人材ポートフォリオを作成し（ステップ2）、将来と現状のギャップを埋める打ち手を立案・実行する（ステップ3）、という3つのステップがある。

ステップ1 必要な人材要件を類型化する

新たなエネルギーを活用し、新たなビジネスを創出するためには、既存事業で求められる能力とは異なる能力や経験を持つ人材も必要となる。そのため、今後の事業ポートフォリオ再構築を踏まえたときにどのような人材が必要となるかを明確にすることが重要となる。その際には、「再生可能エネルギーに精通している」といった曖昧な人材要件定義ではなく、「プロジェクトファイナンスを組成できる」といった具体的な要件を定義し、それらの要件を組み合わせた人材類型を設定することがポイントとなる。

ステップ2 現状と将来の人材ポートフォリオを作成する

ここではまず、現状の人材ポートフォリオの見える化を行う。社内の経営候補人材を把握している企業は多いが、全社視点で人材を見える化できている企業はそれほど多くはない。新たなビジネスを創出し実行していくために、各人材の持つ能力や経験を踏まえた部門横断配置がこれまで以上に必要となることを鑑みると、社内人材をより幅広く把握することが重要となる。現状の見える化にあたっては、部門ごとの人員数だけではなく、設定した人材類型ごとに現状の人員数を把握することがポイントである。

次に、将来の人材ポートフォリオを作成する。将来については、新たなビジネスをいつ立ち上げるのか、立ち上がったときにどの程度の人員が必要なのかが予測しづらいという難しさはあるが、いくつかのシナリオを置いてもよいので、5年後や10年後の人材ポートフォリオの目指す姿を描き出す。

ステップ3 将来と現状のギャップを埋める打ち手を立案・実行する

現状と将来の人材ポートフォリオを作成すると、そのギャップがあぶり出され、今後どのような人材を拡充する必要があるかが見えてくる。ギャップを埋めるための打ち手としては大きく、社内の人材再配置、育成、外部からの獲得がある。社内の人材再配置と育成については、現状と将来のギャップを踏まえて、各人材の有する能力や経験を踏まえた人材再配置を検討できる。

電力の例を挙げると、小売事業で新たなオンサイト型ソリューションの提供を強化するにあたり、電源運用技術を有する発電事業の人材の再配置を検討する、というようなものである。その際には再教育が必要となるが、人材の要件定義が明確になっていれば、どの要件はすでに満たしていて、どの要件を補強すべきかが見えるため、育成計画にも反映できる。

経営リーダーに求められること――自社のパーパスの再定義

こうした改革を進めるうえで、経営リーダーに求められることは何か。それが4つ目のポイントである、自社のパーパス（存在意義）を再定義し社内外に発信することだ。パーパスは、自社の強み、歴史や価値観、カルチャーを探索するとともに、社会にもたらす価値を探り、社内外に訴えかけるナラティブや映像の形で結晶化したものだ。

エネルギー企業は、あらゆる産業活動や生活の基盤となるエネルギーを供給する重要な社会的役割を担っており、社員一人ひとりが自社の存在意義を深く理解し社会的使命を常に意識して業務にあたっている。

しかし今後、脱炭素化の流れのなかでエネルギー企業にかかる期待がこれまで以上に大きくなること、そして全産業の脱炭素化のパートナーとしての新たなビジネスを創出していくという方向性を鑑みると、エネルギー企業各社の存在意義も変わっていってしかるべきなのではないか。

ここでは、先進的なエネルギー企業の１つ、フィンランドのネステのパーパスをご紹介したい。同社は、油脂を化石燃料に代わる分子に変換する技術を活用して、顧客の温暖化ガス（ＧＨＧ）排出量削減に貢献している企業だ。もともとフィンランドの国営石油会社であったが、２０００年代初頭に、再生可能ディーゼル生産の世界トップクラス企業になることを構想し、石油・ガスから再生可能燃料への移行に向けてトランスフォーメーション（構造改革）を行ってきた。２０１０年に１００％の再生可能ディーゼル油の生産を開始し、２０１９年には顧客のＧＨＧ排出量を９６０万トン削減することに貢献した。

このネステのパーパスは、「子どもたちのために、より健康的な地球をつくる（Creating healthier planet for our children)」。そこにはエネルギーという言葉はない。同社の成長の第2波の目標は、再生可能で循環型のソリューションのグローバルリーダーになることである。

パーパスはそれぞれの企業固有のものであり、必ずしもすべてのエネルギー企業がパーパスを再定義しなければならないわけではない。しかし、脱炭素への流れのなかで、これまでとは異なる価値を社会やお客さまに提供する企業に変わっていこうとしているのであれば、ポートフォリオの再構築とあわせて存在意義をいま一度見つめ直す機会である。社会的使命感を持って働く社員が多いエネルギー企業であるがゆえ、自社の存在意義が明確に定義され、組織文化として社内に浸透することが、脱炭素化を機会としたポートフォリオの再構築の実現、および、これまで以上に社会に価値を提供する企業への変革のカギになると考える。

自動車

急激に加速、複雑化する自動車産業の構造変化に応える

Chapter.

9

Introduction 9

10年ほど前から、自動車産業の構造変化が始まっている。電動化、自動運転、コネクテッド、シェアリングモビリティに加え、中国の成長鈍化に端を発した市場低迷、コロナ禍による販売台数激減、そして脱炭素化の波が一気に押し寄せた。さらに、車載向け半導体の供給不足や米中対立をはじめとする地政学リスクも不確実性を生んでいる。２０２２年は、ゆっくり進みつつあった自動車産業の構造変化が急激に加速し、複雑化する節目になるだろう。日本企業としても、何を変え、どれだけ早く決め、何に投資していくのか、突きつけられている経営課題は多い。

Author

富永和利 Tominaga, Kazutoshi
ＢＣＧマネージング・ディレクター＆シニア・パートナー

ペンシルバニア大学工学部卒業。コーネル大学工学修士。マサチューセッツ工科大学経営学修士（ＭＢＡ）。トヨタ自動車株式会社、ブーズ・アンド・カンパニーなどを経て現在に至る。
ＢＣＧ産業財・自動車プラクティスの日本共同リーダー、自動車部品サプライヤートピックのグローバルリーダー、およびオペレーションプラクティスのコアメンバー。

自動車産業の構造変化は昔話

100年もの間、拡大路線を走ってきた自動車市場の台数規模は、長期的に頭打ちになる可能性がある。2035年ごろ、1億台を少し超えた水準で高止まりだ（図表1）。10年以上市場を牽引してきた中国経済の急成長が落ち着くうえ、欧米は停滞し、インドやアフリカなどの経済成長が大きく伸びないとすると自然な流れだろう。

自動車産業では、台数成長から価値成長への構造変化が始まっている。自動車の電動化、自動運転、コネクテッドカー（通信機能を備えた「つながる車」）、シェアリングモビリティへの転換がつくり出す価値は大きくなる（図表2）。

従来の自動車OEMやサプライヤーの永続性は、この価値成長の流れに伸るか反るかにかかる。自動車産業が台数という旧来指標の戦いにこだわり続けると、シェア争いやコスト競争を通じた生き残りに追い込まれてしまう。価値成長で戦える企業でなければ、日本の家電や携帯電話がたどった衰退の道に追いやられていく。

これが百年来の自動車産業の変曲点といわれてきたものだ。ただ、これは周知のことで何も目新しいことではない。テスラが電気自動車（BEV=Battery Electric Vehicle）の最初のモデルを出したのは2008年。グーグル（現ウェイモ）がハンドルやペダルがない自

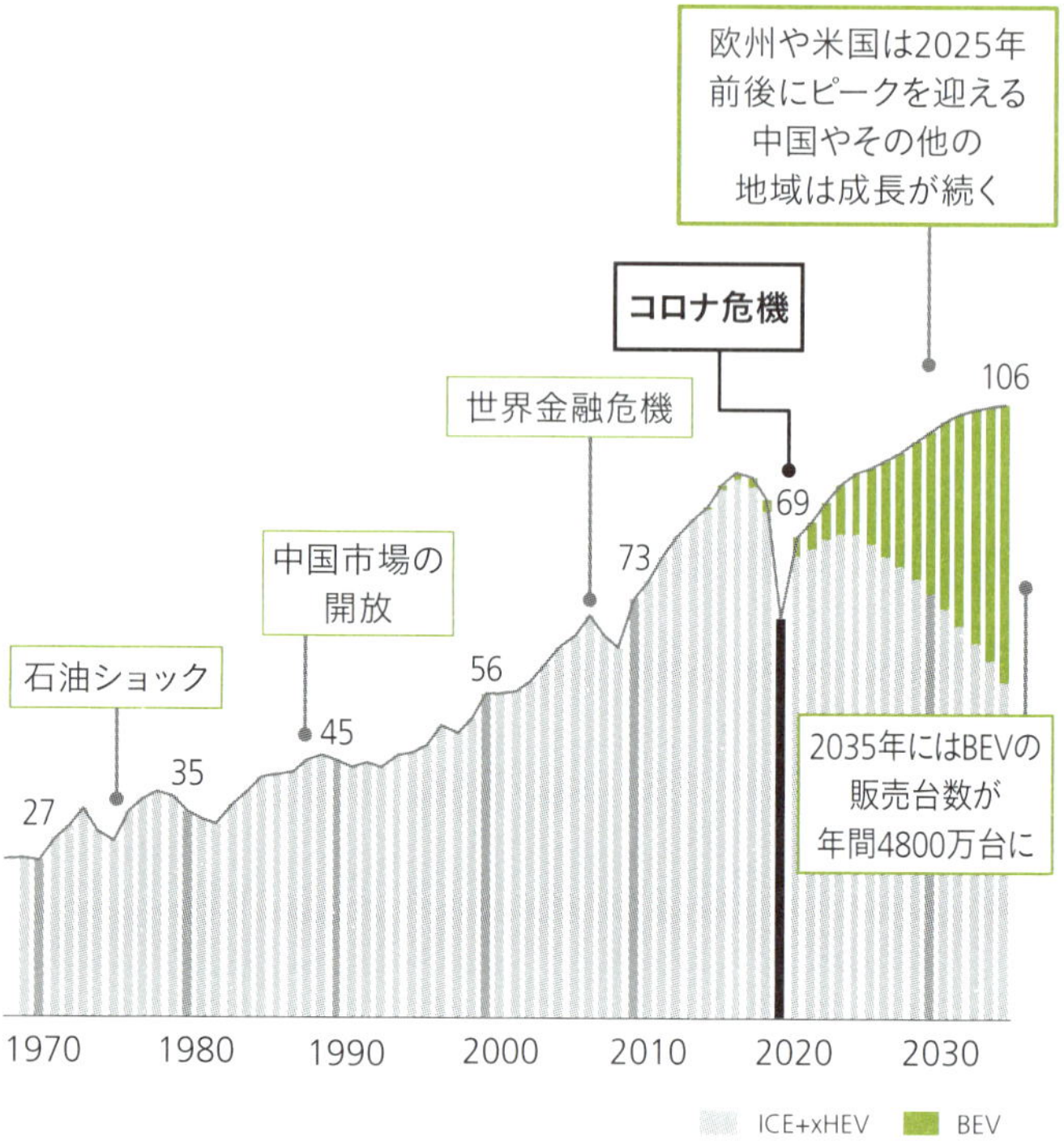
欧州や米国は2025年
前後にピークを迎える
中国やその他の
地域は成長が続く
コロナ危機
106
世界金融危機
69
73
中国市場の
開放
56
石油ショック
45
35
27
2035年にはBEVの
販売台数が
年間4800万台に
1970
1980
1990
2000
2010
2020
2030
ICE+xHEV
BEV

図表1 新車販売台数の頭打ちと内燃車（ICE）の減少

世界新車販売台数（百万台、乗用車・小型商用車）

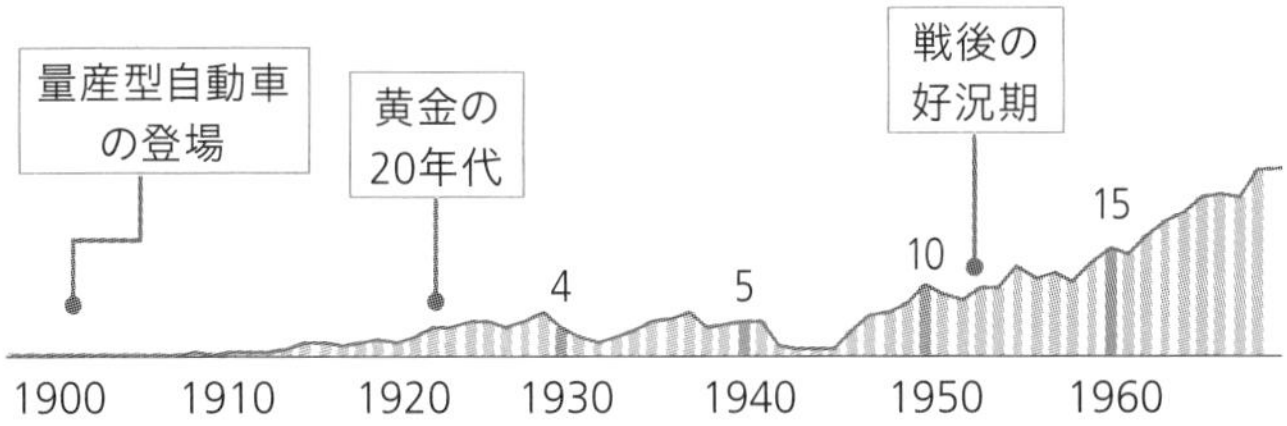

出所：IHS、ボストン コンサルティング グループ COVID需要モデル、BCG分析

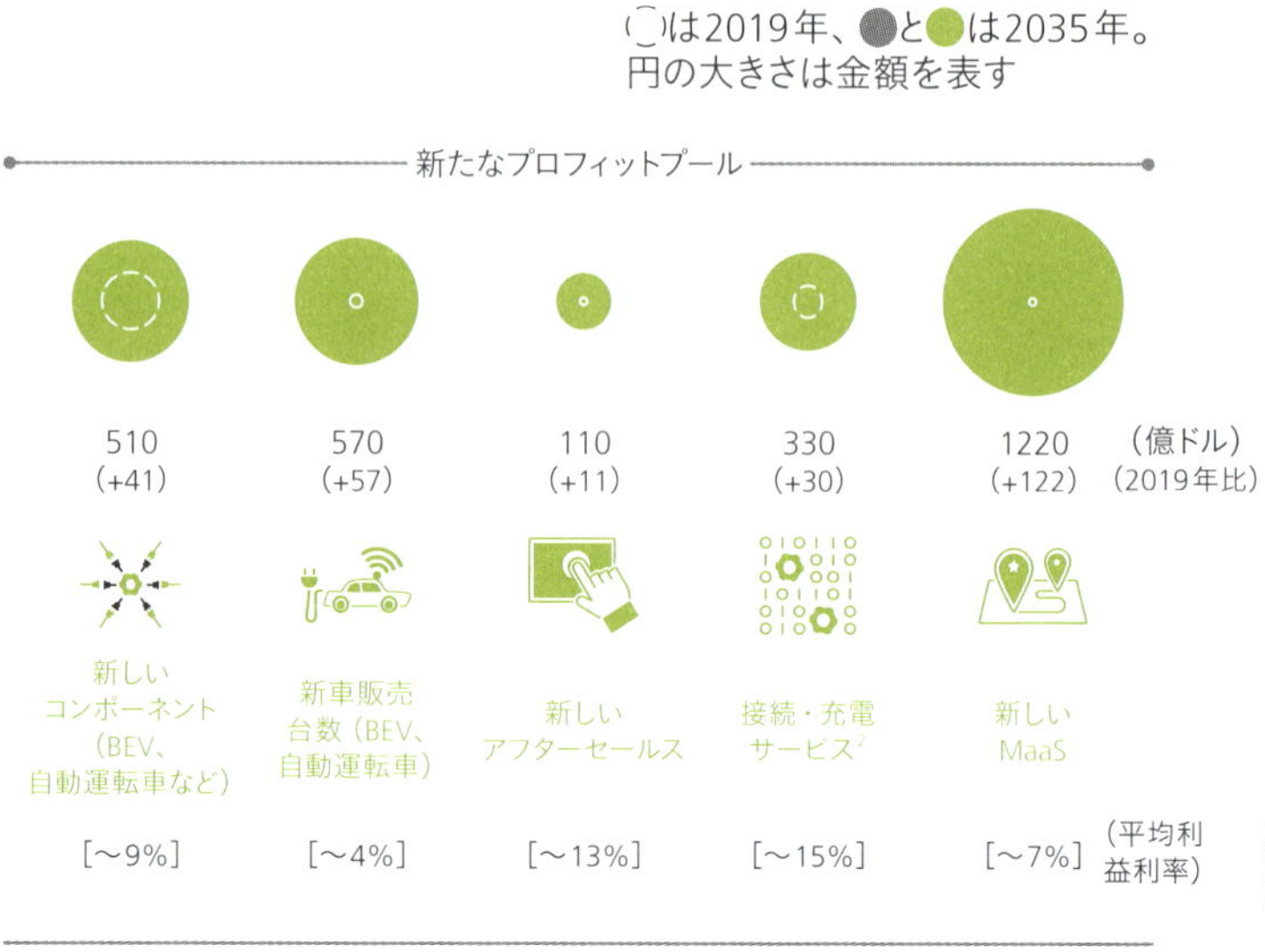
○は2019年、●と●は2035年。
円の大きさは金額を表す
新たなプロフィットプール
510
(+41)
570
(+57)
110
(+11)
330
(+30)
1220
(+122)
(億ドル)
(2019年比)
新しい
コンポーネント
(BEV、
自動運転車など)
新車販売
台数(BEV、
自動運転車)
新しい
アフターセールス
接続・充電
サービス2
新しい
MaaS
[～9%]
[～4%]
[～13%]
[～15%]
[～7%]
(平均利
益利率)

合計 2740億ドル

図表2　自動車産業の価値構造の変化

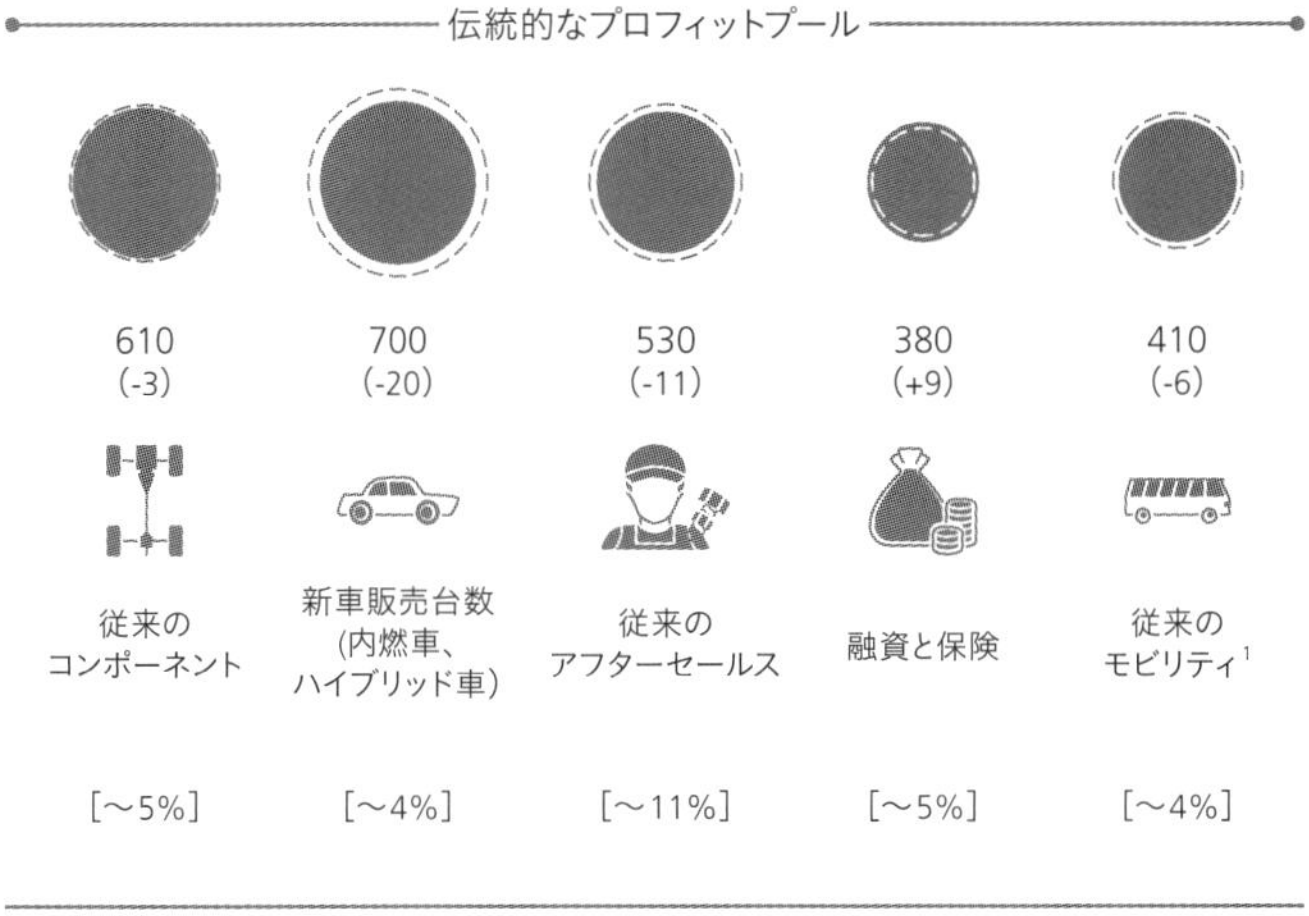

合計 2620億ドル

1. 公共交通機関への助成金を含む
2. 公共の充電サービスのみ。電気代やウォールボックスは含まない

出所：ボストン コンサルティング グループ分析

動運転の試験車をシリコンバレーで走らせ始めたのもすでに7年前のことである。ウーバーがライドシェアリングのアプリでサービスを開始したのも10年前だ。

コネクテッドカーに至ってはいうまでもなく歴史は古く、何十年も前からGPSナビや車載コネクテッドサービスが登場している。アップルの「CarPlay」のようなスマートフォンの流れを汲むものでさえ上市は7年も前の話だ。民生テクノロジーの世界観からすると、昔話の感覚である。

もっぱら、このような変化で話題を呼んだのは従来の自動車産業に属さない新興企業だった。新しいアイデアをどんどん吹き込んで新たな顧客価値を訴え、百年来あまり変わらなかった自動車の旧来企業を揺さぶった彼らの存在は大きい。異業種参入で産業の構図ががらりと変わるとも言われ続けた。

しかし、そうは問屋が卸さないのが、近年、変化の加速と複雑性の増大が鮮明になった世界の自動車産業だ。

構造変化の加速と複雑性

産業の構造変化が進んでいたさなか、いくつかの大きなできごとが生じた。まず、

2020年に発生したコロナ禍は世界経済への打撃はもちろんのこと、人々の移動を抑え込んで全世界の自動車の販売と生産に急ブレーキをかけた。次に、グローバル規模でカーボンニュートラルの胎動が一気呵成に動きだした。各国が次々と化石燃料の内燃車の新車販売禁止（早くてノルウェーの2025年）を表明し始め、自動車バリューチェーンの脱炭素化を急激に求め始めたのだ。そして、米中摩擦を中心とした地政学的なコンフリクトが自由貿易やグローバルサプライチェーンの将来に影を落としている。

これらの影響を自動車産業の構造変化に照らし合わせると、2021年に入って変化の加速と複雑化が際立つ。

以下、代表的な構造変化の例をくわしく見ていこう。

電動化

これから2025年までだけでも、実に400車種ものBEVとPHEV（プラグインハイブリッド車）が各メーカーからグローバル市場に投入される予想だ。自動車バリューチェーンの温室効果ガス排出量の7割が顧客がクルマを使う過程での排出で占められることを踏まえると当然である。欧州や米国、中国といった大市場のカーボンニュートラル政策の動きを虎視眈々と睨んできた大手自動車OEMが、戦略的に打って出ている。

これまで、特定の新興の高級BEVメーカーだけが脚光を浴びて独り勝ちする、異業種プレイヤーが容易に参入できるという世論があったが、それも正しくはないように思える。そもそも自動車の生産規模の拡大は簡単ではなく、BEV特有の難度も高い。「1000点もあるといわれる内燃車のエンジンやトランスミッション部品がBEVでは消えて数百点に下がるから、機械加工や組立の労働集約から解放されてレゴブロックのようにクルマがつくれる」という論調は誤りだ。

現時点でBEVパワートレインのコストは内燃車に比べて3割高く、部品は車載電池のセルモジュールやBMS（バッテリー・マネジメント・システム）、熱管理システム、高電圧配線、電気モーター、単段変速機、コンバーター、パワーエレクトロニクスと広範にわたる。それらを多品種に、高品質に、安全に、安く大量生産するのには内燃車にはない難しさがある。

パワートレインの生産に必要な直接・間接労働の工数は、内燃車とBEVでは実はほとんど変わらず、工場と組織のマネジメントには相応のノウハウが求められる。しかも、車体生産とのマッチングもあり、競争が激しく収益化が厳しい大衆車セグメントは特にオペレーションノウハウが必須だ。普及価格帯モデルの生産立ち上げで、創設10年以上も経っていたテスラのCEOが「生産地獄」と言ったことは記憶に新しい。

新規参入メーカーの多くは生産規模拡大に苦しみ、淘汰されていくだろう。とはいえ、なかには勝ち上がってくるOEMやサプライヤーもあり、追い詰められる従来プレイヤーも出てくる。どちらにしろ、先手を打つプレイヤーは早々と電動化戦略を加速させる意思決定を下している。

特に欧米中メーカーの動きは迅速だ。新規のエンジン開発や投資を終止することを決めたり、傘下ブランドの1つを純粋なBEVブランドに切り替えることを宣言したりしている。BEV専用のプラットフォーム（車台）や組立生産拠点の投資を開始しているプレイヤーも多い。

難しいのは、各地域のカーボンニュートラル政策が時々刻々と変わることだ。米国は2030年までに新車販売の半分をBEV・PHEV・FCV（燃料電池車）に切り替える大統領令を発令し、EUも内燃車禁止政策を表明した。これに対応するための自動車の開発や生産投資、バッテリーや制御システムの部品・部材のサプライチェーン構築には迅速な意思決定が必要となり、判断も複雑になる。

政策の動きによっては投資のタイミングや資金調達が間に合わなくなるリスクもは

らむ。たとえば、車載電池の電極や電解液、セパレーターのような重要部材の供給能力は一朝一夕で築けるものではない。生産技術者や工場増設の投資資金を前もって確保しなければならず、電動化の加速は意思決定のあり方を問うことになる。特に、慎重な日本のプレイヤーは判断が一歩遅く見えるため、意思決定のスピードは速めるべきだ。

自動運転とコネクテッドカー

自動運転は、一時期の期待インフレを超えて、消費者に利便をもたらす機能価値として着実に前進している。そもそも自動運転は非連続的な大発明ではなく、自動車産業が長年努力を重ねてきた安全機能の進化の延長線上にある。

40年前にドイツメーカーが出したＡＢＳ（アンチロック・ブレーキ・システム）で、１つの部品（この場合、ブレーキ）の機能により安全性を高めるところから始まったといえる。そのうちにクルマのブレーキやステアリングなど、いくつもの部品を総合的に電子制御するＥＳＰ（横滑り防止装置）が普及した。以降、油圧で動かしていたステアリング部品を電動に変えたり、サスペンション（懸架装置）の制御を追加したりと、進化し続けた。衝突事故で人を守るシートベルトやエアバッグなどのパッシブセーフティに対して、事故を未然に防ぐアクティブセーフティの価値として認知され、コストも下がり、各国の安全法規制やＮＣＡＰ（新車の安全性評価プログラム）も立ち上がって普及を後押しした。

これらのできあがったメカトロニクスの素地に、他のクルマや歩行者を検知する外界センサーと電子制御が上乗せされて、今でいうＡＤＡＳ（先進運転支援システム）にレベルアップされた。つまり、自動運転のレベル１だ。そうすると、次のステージとして高精度の地図データ、センサー技術や制御の発展で自律的なレベル５の完全自動運転までの進化が期待されているわけだ。

スマホや携帯デバイスと異なり、自動車は消費者の命を預かる消費財であり、安全性が絶対的な大命題である。ハンドフリー運転の利便性があるからといって、安全は犠牲にできない。従来の自動車産業プレイヤーが何よりも大切にするところだ。しかし、レベル５の自動運転技術まで進むには、膨大なデータ蓄積と処理、高度なソフトウェア技術がカギを握る。ソフトウェアに強みを持つ異業種プレイヤーがここぞとばかり参入して一時市場を賑わしたが、一筋縄ではいかない（これは１９９０年代に沸き起こった全ゲノム解析の期待インフレを思い起こさせる状況だ）。

それでも、２０３５年以降の時間軸で、徐々に個人向け自動車とＭａａＳ（Mobility as a Service）の両面でレベル４（特定条件下で完全自動運転が可能）からレベル５の自動運転車が市場に出回る公算として期待したい。コネクテッドカーの進化もこれに類似する。

ここまでは、誰もが認識しているソフトウェアカーへの構造変化だ。ところが、この変化には深刻な複雑性が伴う。カギとなるソフトウェアやコンピューティング技術、デバイス、センサーなどが地政学的な対立にさらされているからだ。サイバーセキュリティ技術、制御ソフトウェア、半導体、3次元地図などが代表的だ。自動運転やコネクテッドの機能が広がると、自動車の内外でデータ処理とソフトウェア駆動のプラットフォームが必要となる。高度な半導体やAI（人工知能）、ML（機械学習）、量子コンピューティングを駆使することになるが、国防にも関わる技術として国の厳しい囲い込み規制の対象になりうる。

また、コロナ禍からの回復過程で発生した自動車向け半導体供給問題は、自動車産業の技術アクセスの脆弱性を露呈した。自動車は半導体需要の1割にすぎず、マイノリティである。モバイルデバイスやPC、ICTインフラの巨大需要に比べて、自動車向けは半導体の供給側にとって優先順位が下がる。半導体メーカーにとって、品質や安全性、ジャストインタイム（部品在庫を必要最小限に抑える）物流の要求が高いうえに価格にもうるさい自動車業界は、顧客として魅力が低いことは認識すべきだ。

一昔前まで、車載の半導体はコモディティに近かったが、最前線はすでに28ナノメートルの微細技術領域に入りつつある。現在では日本はその量産能力が低く、台湾・韓国・米国のメーカーに依存している。半導体産業はすでに最新鋭の3ナノメートル技術への能力投資に着手しているが、いずれ車載向けにも適用することになる。

そこに、欧米中の対立構造が経済を超えて国家安全保障の域まで激化するとどうなるだろうか。各地域ともに自国の半導体産業の製造装置や設計ツールを含む技術育成と囲い込みを強化する。自動車OEMやサプライヤーは、貴重なSoC（システムオンチップ）、MCU（マイクロコントローラーユニット）、メモリをこれまでのように自由にどこからでも最適・最安値で調達する、というわけにはいかなくなる可能性がある。

シェアリング

ウーバーやリフトに代表されるライドシェアリングは、多くの市場で人々のモビリティを大胆に変容させた。携帯機能を駆使したMaaSが、自動車産業バリューチェーンのあり方を問う構造変化の一因となったことは周知のことだ。ドライバーの人事制度問題や日本を含む各国の規制障壁はあるにしろ、自動運転と組み合わせたロボタクシーの可能性を秘める将来は、自動車の販売台数にも影響を及ぼす展望だった。

しかし、コロナ禍は人々の物理的な移動を著しく制限した。国によって復調ペースは異なるが、2021年に入ってもモビリティの台数は落ち込んだままだ。それ以上に疑問符を投げかけたのが、シェアリングに対する消費者心理の戸惑いである。BCGが行った米欧中での消費者調査では、公共交通機関に加えてライドシェアリング、カーシェアリングに対する利用を多少なりとも控えると答えた比率が2～4割にものぼる。逆に、向かい風にさらされ始めていた自動車の個人所有への意向は2～3割強まった次第である。

もちろん、ワクチンの普及と効果、ウイルスの変異株の状況によっては、長期的に消費者心理も変わりうる。これがどう転ぶか、予想しがたい局面だが、コロナ禍という事象が自動車産業の構造に大きな不確実性・複雑性をもたらしたことは確かだ。

経営の論点＝「構造変化の加速・複雑化への対応力」

従来から進んでいた自動車産業の構造変化が、急激に加速・複雑化する局面に入った節目が2021年と考える。自動車産業に身を置く企業の経営は、どのような立場にあるのだろうか。ドライバーにたとえると、百年来、舗装道路を巡航運転していたところ、10年前から険しい山道に入り込み、ようやく走り方に慣れ始めた矢先、先が見えにくい曲がりくねった悪路に遭遇したうえ、アクセルも踏まなければならないという心境だ。それも日本企業の視点では、俊敏なハンドルさばきで横からさっさと抜いていく欧米中のクルマたちがいる。どう対処すればよいのか。

構造変化により、収益源は新領域へシフトしている。それが一気に加速して複雑化するならば、経営としての対応を変えなければならない。ここで、3つの論点に着目したい。

論点1：投資競争

世界の大手の自動車OEMとサプライヤーによる最近の約300件、260億ドルの技術投資を見ると、実に5割がソフトウェア向けだ。マイノリティ出資を含むM&Aの切り口で見ると3割もある。また、モビリティ分野でのベンチャー投資も活発化しており、年々増えている自動運転技術やAR（拡張現実）・VR（仮想現実）の車載技術だけ見ても6割がベンチャーによるものである。そしてそのほとんどが日本ではなく、海外の企業だ。

EV向けに、電池技術と生産ノウハウを取り込む投資も加速している。中国の巨大バッテリーメーカーへの依存を警戒し、欧米OEMは自国と親和性が高い、または地政学リスクが低い国籍のバッテリーセルメーカーとの共同投資に動いている。

新規投資だけではない。レガシー資産を切り離して資本負担を軽くする動きも起こっている。海外OEMは、エンジンの開発と生産を事業体として足早に切り出してグループ内で統合を始めており、今後は他社のレガシー資産とも統合していくだろう。また、欧米の総合サプライヤーは儲けにくくなるハード的な部品事業を積極的に売却し、価値の源泉となる電動パワートレインやADAS事業への投資資金を確保する動きを見せている。

構造変化の加速と複雑性に追従するのではなく、先取りするためには、投資は競争となる。純粋な自前開発・生産投資のみならず、ソフトウェアから電池、モビリティ全般に至るまで、将来キャッシュフローを生む外界に投資する判断はますます重要となる。そのためには、収益確保が難しくなるレガシー資産を捨てて次世代への投資資金を確保する英断も必至だ。

日本の自動車産業の直近の動きを俯瞰すると、ひと握りのプレイヤーを除き、外部投資、特に日本の外での投資には極めて慎重であるうえ、レガシー資産を思い切って切り捨てることにはさらに遅れがちにみえる。この是正は、経営の論点として深刻である。

論点2：組織モデル

テスラのような新興BEVプレイヤーが独り勝ちするような単純論は誤りだが、彼らが革新的なオペレーティングモデルで市場を先取ったことからの学びは多い。テスラは、BEVもさることながら自動運転機能やOTA（Over The Air）ソフトウェア更新、HMI（ヒューマン・マシン・インターフェース）などの製品の革新、車載電池・ソフトウェア・半導体の内製化、オンライン直販や工場納車などの簡素な顧客体験づくりをずいぶん前から先駆けた。OTAによる収益確保や直販による川下コストの軽減は、BEVコストがまだ高いなかで収益モデルを革新した。

新興プレイヤーのスピーディーな意思決定と実現には、自動車メーカーよりもテクノロジープレイヤーに似た組織モデルがある。ソフトウェア、システムアーキテクチャ、自動運転システム、電動パワートレイン、材料、AIにわたり、クルマの新たな価値に直結する切り口で組織モデルを組み上げている。決して車体のハードウェア開発や生産、調達、営業という重要機能を軽視しているわけではないが、それらとテクノロジーを同格に位置づけていることがポイントだ。

従来の自動車OEMの組織モデルは、旧来機能の切り口であるうえに序列がある。OEMのポジショニングや文化にもよるが、たとえば車体開発の地位が一番高く、エンジン設計が次、またはその逆のパターンもある。生産や調達部門が強くて車両開発と拮抗する場合もある。往々にして、電子・電気、ソフトウェア、材料部門は従順的な存在であった。

また、開発方式も古典的で、車体系エンジニア出身が多いベテラン総責任者が何をクルマに入れるかの決定権を握り、各部門やサプライヤーをピラミッド的に巻き込み、日程と原価をぎりぎりまで詰めて慎重にクルマをすり合わせていく。長年熟成してきた「主査制度」と呼ばれる日本OEMの方式は従来の競争力の源泉となり、一時は最短開発でグローバルベンチマークだった。

これらは極端な描写であるが、おおよそ従来のOEMの典型といえる。しかし、テスラの例などを見ると一抹の不安を覚える。機能、序列、ピラミッド、経験値を重んじる従来のやり方は品質やコストに優れた製品づくりで競争できるものの、クルマの新しい価値やビジネスモデルに切り替えるうえで重しになる側面もある。論点1の投資判断ができたとしても、迅速に戦略を実行できない恐れがある。

いくつかの大手OEMは、すでにソフトウェア開発やビジネスモデル構築のために新たな組織モデルを試しているが、動きを速めなければならないことは自明だろう。特に日本OEMの組織モデルは長年の成功体験で熟成されたものであり、それを紐解いて是正しなければならない。

論点3：エコシステム

従来の自動車のエコシステムとは、主役のOEMのまわりに部品や生産設備のサプライヤー、販売チャネルやサービス網、販売金融や保険プロバイダーが築かれた形だった。この巨大な仕組みをうまく運営して、良いクルマを安く速く大量に届けられるOEMが競争に勝ってきた。

そこに、クルマにまつわるデータとソフトウェアのエコシステムが新たに生まれている。UX（ユーザーエクスペリエンス）、機能・サービス、データアナリティクス、OS、センサー、エッジコンピューティングといったテクノロジー層で、車載とクラウド・バックエンドの両面でプラットフォームを提供するプレイヤーたちだ（図表3）。各層で一握りのスケーラブルなプラットフォーマーしか残らないが、自動車メーカーやサプライヤーは自前でつくるか、買うか、組むか、の判断を迫られている。

大手OEMやサプライヤーは必死にソフトウェア技術者を雇用してグローバルのテックプレイヤーと競っているが、すべての層でメーカーが覇権をとることは極めて難しい。投資資金も膨大になるうえ、そもそも引く手あまたのテクノロジー人材を自動

図表3　クルマにまつわるデータとソフトウェアのエコシステム

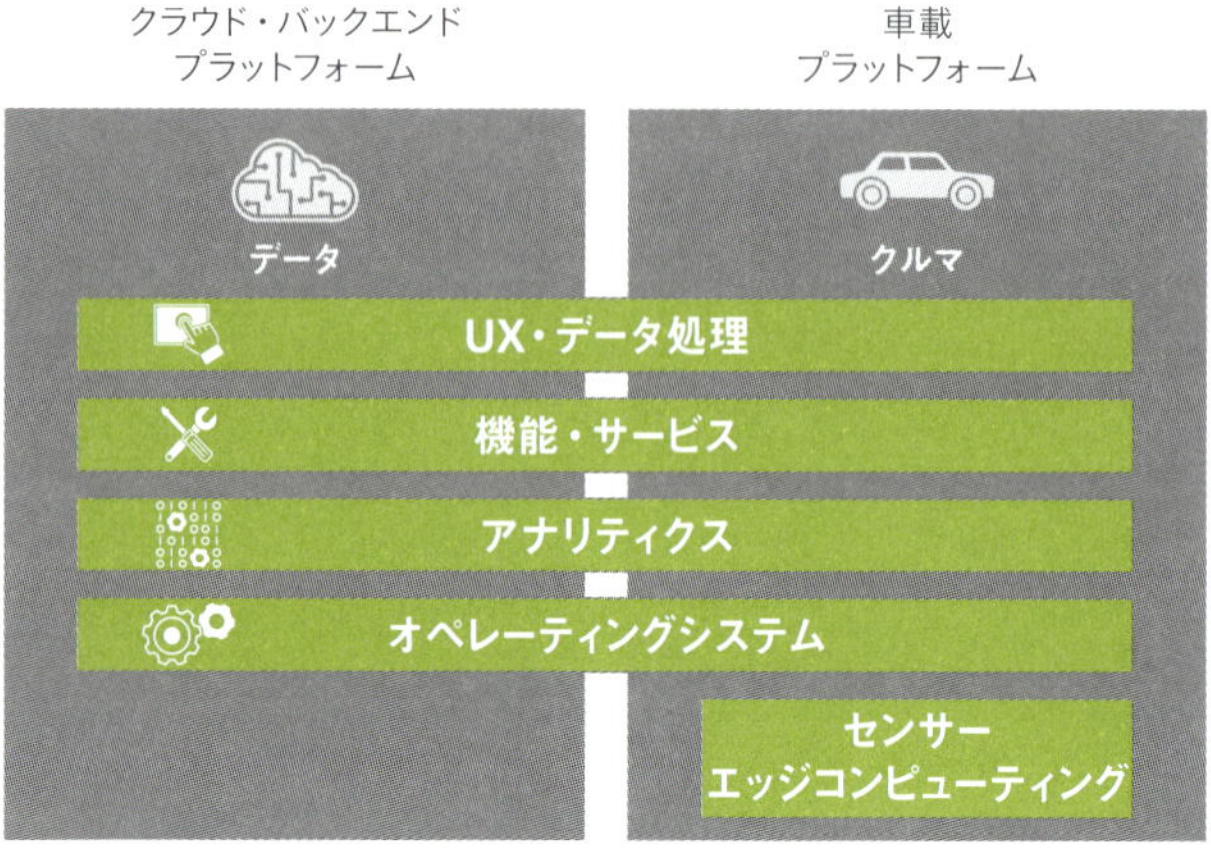

車企業に惹きつけるのは容易ではない。そこに国単位での高度なコンピューティング技術やデバイスの囲い込みリスクも出てくる。

日本のメーカーにとっても難題だ。データのエコシステムを内外で築こうにも、雇用するソフトウェア人材にしろ、有力なベンチャーにしろ、協業相手にしろ、ほとんどで海外の人材や企業と組む必要が出てくるだろう。従来のエコシステムでは日本のサプライヤーやパートナーと組めばよかったものの、今回はそうはいかない。新たなエコシステム構築には、よりグローバルな視点で経営の舵取りが求められる。

経営リーダーへの提言

自動車には不易流行の両面があることを認識したい。人命を預かる耐久消費財として絶対的な安全を担保する製品の開発、何万点もの部品について1つたりともミスをせず、1円単位のコストに神経を尖らせた同品質の大量生産、巨大なグローバルサプライチェーンの運営と正確なデリバリー、消費者が安心して乗れるサービスの提供など、時代が変わっても産業の不易はある。しかし、今、自動車産業の構造変化の加速と複雑性を好機と捉え、流行に打って出なければならない節目であるように思える。

電動化、自動運転、コネクテッド、シェアリングの台頭は業界にとって当たり前であっても、ここ数年で激しく起こった環境変化をいま一度見つめ直すべきだ。今回のコロナ禍、カーボンニュートラルの胎動、地政学的コンフリクトの様相一つひとつが自動車産業に及ぼす短期的な影響は考えやすいかもしれないが、同時多発の変化がもたらす長期のインパクトは極めて複雑で大きい。

現実問題として投資競争に取り組み、従来の組織モデルを改め、本格的に新しいエコシステムの構築を加速させるために、経営の視座にも変革が必要だ。変革における3つのポイントを挙げたい。

1つ目として、経営における断捨離は待ったなしであろう。この先5年ほどの投資と変革の行動は、次の30年のキャッシュフローをつくる基盤を決めてしまうといっても過言ではない。自動車産業の構造変化において、新しい技術やバリューチェーン能力の取り入れが注目されるが、不要であること・諦めるべきことの判断と実践も同じだけ重要となる。

2つ目として、経営課題のアジェンダがはたして正しく設定されているか、いま一度点検することが望ましい。経営会議や取締役会で、前述の3つの論点にどれだけ時間を配分して議論ができているか、優先度の捉え方次第で意思決定の質は変わる。

3つ目として、「日本勢」という狭量志向に陥らない姿勢が重要だと考える。日本企業の現場は見えるゴールへ邁進する力や、起こった問題を組織的に解決する能力は極めて高いが、不確実性や見えないことに対する想像力に課題を抱えている。日本の自動車OEMやサプライヤーが構造変化のスピードと複雑性を受け止めるには、本当の意味での人材のグローバル化は必須だろう。それをマネジメントしていく経営とガバナンスもしかりである。

自動車産業、とりわけ日本の自動車企業は石橋を叩いても渡らない慎重さで百年来発展し続けた。今日でも世界で最も多くの自動車を世の中に出しているのは日本国籍の自動車企業群である。２０２２年は、その地位を維持するためにも勝負の年と捉えてもらいたい。

ヘルスケア

露呈した「医療の歪み」、加速するヘルスケア改革

Chapter.

10

Introduction 10

コロナ禍をきっかけに日本の「医療の歪み」が露呈し、ヘルスケア業界ではパラダイムシフトが加速している。それに伴って幅広い業界の企業が関心を向け始めている。新規事業を考えるうえで特に注目されるのが、消費者が自分の健康管理に積極的に関与する「ヘルスケアのコンシューマライゼーション」と、デジタル・テクノロジーを活用する「スマートホスピタル」だ。本章では、患者の価値に基づく「バリューベース・ヘルスケア」を前提としながら、この2つのキーワードを軸にした新規事業の可能性を探っていく。

Author

北沢真紀夫 Kitazawa, Makio

BCGマネージング・ディレクター&シニア・パートナー

一橋大学商学部卒業。ハーバード大学経営学修士（MBA）。BCGヘルスケアプラクティスの日本リーダー、コーポレートファイナンス&ストラテジー、および社会貢献プラクティスのコアメンバー。東京大学非常勤講師。共著書に『BCG流 病院経営戦略：DPC時代の医療機関経営』『実践 BCG流 病院経営――バリューベース・ヘルスケア時代の病院経営』（エルゼビア・ジャパン）、『BCGが読む経営の論点2019』『BCGが読む経営の論点2021』（日本経済新聞出版）。

医療の歪みがもたらす変化

日本の「医療の歪み」は以前から指摘されてきたが、コロナ対応でさらに顕著になった。それに伴い、患者やその家族、企業も含む需要面、医療体制などの供給面、関係当局による政策・財源面において、過去には考えられなかったような急速な変化が進んでいる。

需要サイド――ヘルスリテラシーの高まり

需要面で目立つ動向は、個人の行動変容、ヘルスリテラシーの高まり、企業による川上（健康促進、予防・未病）への参入である。それぞれくわしくみていこう。

ウィズコロナの状況が長引くなかで、感染を恐れて病院に行かなくなるという傾向が続いている。2019年と2020年を比較すると、外来患者数は約7％、入院患者数は約5％減少している。一桁の数字でたいしたことのないように見えるが、この数字は何十年も変化が見られなかったものであり、非常に大きな行動変容である。眼科、耳鼻咽喉科、皮膚科の受診や、生活習慣病（糖尿病、高脂血症、高血圧）など月1回程度の継続的な通院を中心に受診を控えたり、命に重大な影響を及ぼす可能性の低い疾

図表1　黒字病院・赤字病院の数の割合

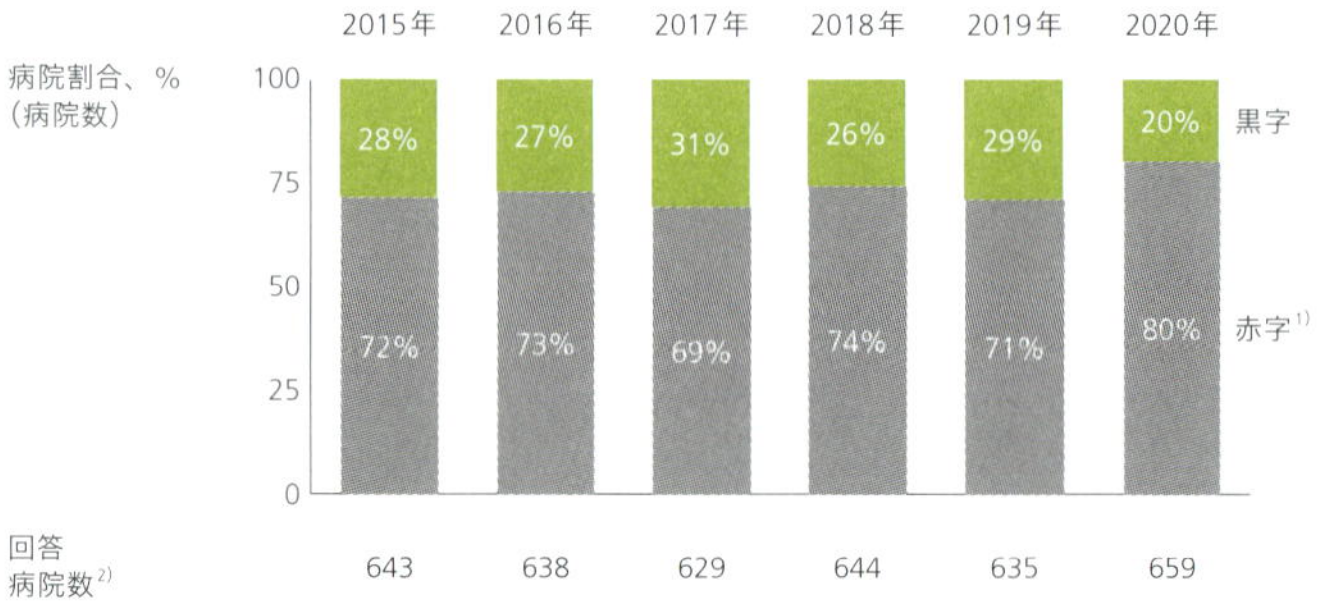

1. 1カ月分収益 - 1カ月分費用≧0は黒字、1カ月分収益 - 1カ月分費用<0は赤字の扱い
2. 調査対象は、一般社団法人全国公私病院連盟に加盟している団体に所属する病院と調査に協力する病院

注：各年の6月分の集計数値

出所：一般社団法人 全国公私病院連盟「令和2年　病院運営実態分析調査の概要」

病の検査入院や手術入院を先延ばしにしたりしていると考えられる。

　このことは、医療機関の経営に直結している。従来から7割程度の病院が赤字経営だったが、2020年には8割の医療機関が赤字に陥ったというデータもある（図表1）。その後、各医療機関の努力により経営状態は下げ止まりしているとはいえ、厳しい状況には変わりがない。

　ただし、患者数が減る一方で、1人あたりの診療費は外来／手術ともに上がっている。また、国民皆保険制度は、誰もが安心して医療にアクセスできる優れた仕組みだが、誰もが安易に来院することは医療の歪みの一因となってきた。オンライン診療など代替手段も利用可能となり、本当に必要としている単価の高い患者に医療を提供するようになったことは、医療経営全体で見れば、より正しいアセットの使い方になってきたともいえるかもしれない。

病院に行かなくなる現象とは裏腹に、個人のヘルスケアへの関心は異常なまでに高まっている。コロナをきっかけにしてマスク、うがい、手洗いなどの感染症対策から始まり、ヘルスリテラシーの高い人は自己免疫を高めたり、予防や未病対策に乗り出したりしている。

こうした変化は個人だけでなく、企業にも影響を及ぼしている。この1年半ほどの間に、私たちのもとに多くの企業から「ヘルスケア分野のサービスを始めたい」という問い合わせをいただいた。以前、ヘルスケア市場に興味を持っていたのは主に飲食品メーカーや保険会社だった。しかし最近では、銀行や証券会社、テクノロジー企業、サービス業など多様な業界の企業がヘルスケアへの関心の高まりに対応したニーズに新しい可能性を見出している。

供給サイド——医療キャパシティの最適化

供給サイドで注目したい変化は、医療キャパシティ配分の問題、オンライン診療、リープフロッグ現象、データやテクノロジーの活用である。

コロナ禍で重症者病床が不足し、多くの人が医療キャパシティの制約に直面したというのは直裁的な捉え方であり、誤解も混じっている。日本は諸外国と比べても、人口あたり病床数、医療機関数、医師の人数が少ないわけではない。にもかかわらず、病床が不足してしまったのは、医療キャパシティの配分に問題がある。総合病院や急性期病床は十分な数があるため、国民がほぼ同じ確率で疾患にかかり、疾患構成比や患者数に大きな変動がない平時には、それでうまく対応できていた。しかし今回のように、感染症により呼吸器系疾患が突出して増えてしまうと、状況は変わってくる。フレキシブルに病床の配分変更ができなかったことにより、医療提供体制の逼迫が生じた。

ただ、そうしたなかでも、現場サイドでは、個別の医療機関、自治体、医師や看護師をはじめ医療従事者の方々が尽力した結果、諸外国で一時期問題となったような「命の選別」の事例が日本ではごく少数にとどまったことは明記しておきたい。そして、集中治療室、感染症病床、訓練を受けたコメディカル（看護師や医療技術者）の不足は構造的要因であり、今後時間をかけて改善に向けた変化を進める必要がある。

また、コロナ禍をきっかけにオンライン診療、調剤が解禁され、恒久化が決まった。オンライン診療に向けたシステム投資、人員配置などは医療機関や調剤薬局の自助努力に委ねられていたが、今後は追加のインセンティブも付与される。現状でオンライン診療に対応しているのは全医療機関の5％程度だが、患者にとっては一度体験すれば非常に便利なので、不可逆的な変化として今後はじわじわ増えていくと思われる。

ビオンテックやモデルナなどのバイオベンチャーのワクチンが極めて短期間のうちに申請から上市まで至ったことも、これまでは考えられなかった大きなできごとだ。一般的には知られていないようなベンチャー企業が既存の製薬会社を飛び越えて最前線に躍り出る「リープフロッグ現象」が起こっている。

以上の変化と比べると段階は違うが、今後の医療に向けた萌芽として、ヘルスケアデータやＡＩ活用、スマートホスピタル化などの動きも出始めている。これまでの医療は対面の人海戦術や医師の経験と勘に頼りがちだったが、今後はデータやテクノロジーを活用した医療に変化するだろう。医学部・薬学部だけの世界だったヘルスケアが、工学部・理学部の世界へと広がっているのだ。これも幅広い企業にとって機会となるはずだ。

政策／財源の大胆なシフト

新型コロナウイルス感染症のワクチン接種は税金で賄われ、個人負担のない形で行うのが先進諸国でほぼ共通した動きとなった。日本国内の年間医療費は42兆〜43兆円であるが、最終的にワクチンにどれだけ使われて、他がどう削られるのかは、今後の議論や意思決定を待つことになる。しかし、ワクチンを含めた予防へと、医療財源の大胆なシフトが起きることは間違いない。この変化を受けて、多くのビジネスチャンスが生じている。

環境変化にどう対応すべきか

新しい事業機会を捉えて、どのように競争優位性を構築するかを考える際に、前提条件として押さえておきたいのが、患者価値に軸足を据えた「バリューベース・ヘルスケア」というコンセプトだ。これは、BCGが以前から提唱してきたもので、これまで重視されてきた医療サービスの投入量ではなく、患者が支払う価値に対するアウトカム（医療の成果）、つまり医療の投資対効果を基軸に考える概念である（図表2）。医療に関わるすべてのステークホルダーの価値基準、行動規範を患者価値にそろえるこ

図表2　医療のパラダイムシフト

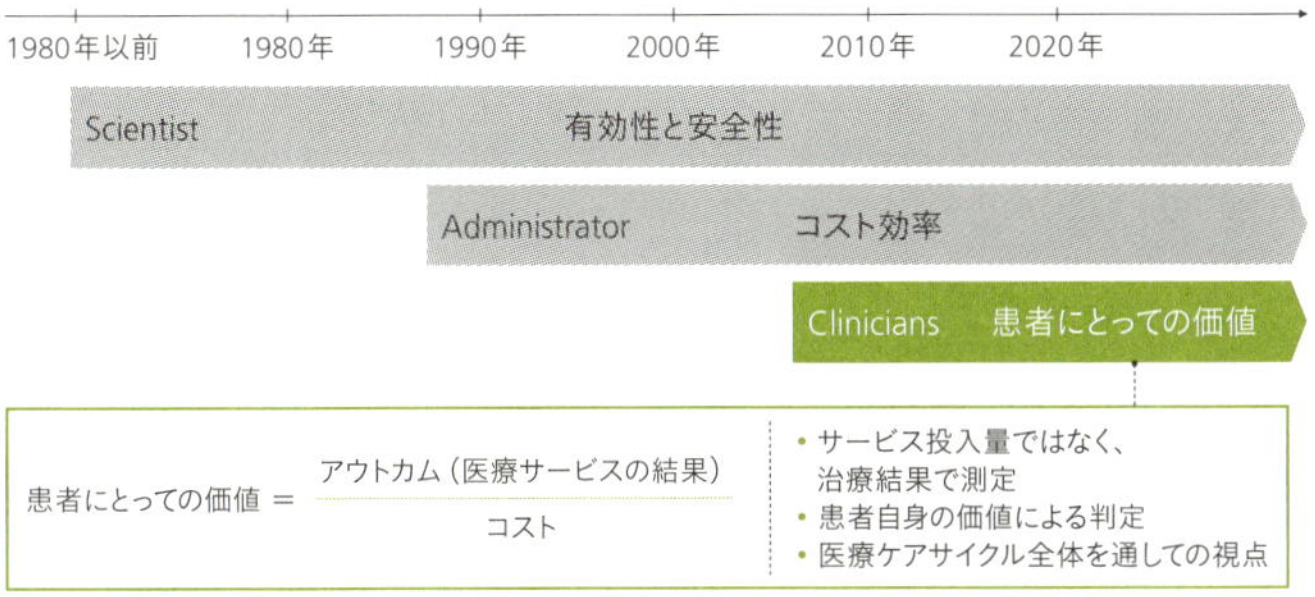

とが重要なポイントとなる。

このコンセプトの具体例として、バリューベース・ヘルスケアに早くから取り組んでいるスウェーデンを紹介したい。スウェーデンでは、たとえば心筋梗塞の退院1年後の生存率などのアウトカムが医療機関ごとに公開されており、患者はこれを参照できる。これにより、指標が低い医療機関の診療設備やプロセスの改善が促され、全体の医療の質が底上げされることで、他の先進諸国と比べ平均入院日数が短いにもかかわらず、入院後の死亡率は低いという結果を出している。

バリューベース・ヘルスケアのモノサシを用いると、価格や医療行為の承認などの意思決定をしたり、国の財源が限られているなかで最適なリソース配分を行ったりできる。欧州ではこの考え方が進んでいるが、日本でも、コロナ禍をきっかけに、貴重な医療資源や財源を最大効果につながる形で使おうとする動きが出ている。医療関係者の間に、医療行為の中で何らかのメリハリをつけたやり方が必要だという意見が出ているのだ。たとえば、投資対効果の高い医療行為は診療報酬点数が高くなり、効果が低ければ点数が下がったり、つかなかったりする。このようなことが医療サービスのなかで起こってくると考えられる。

さらに、前述したように生活者のヘルスリテラシーが高まり、治療や医療サービスに「本当にこれだけのお金をかける意味があるのか」と一人ひとりが考えるようになっている。さらに、投資対効果に関する情報もますます多く共有されるようになり、「同じ効果が出るならこの会社のサービスの方が安い」、あるいは「この企業のサービスは高めだが、これだけのリターンが得られる」というように比較検討がしやすい状況となっている。その結果、企業側はバリューベース・ヘルスケアのモノサシを使った競争を念頭に置かざるを得なくなっている。言い換えると、どれだけ素晴らしいテクノロジー、イノベーション、製品、サービスがあったとしても、実際に投資対効果が高いという根拠を示せなければ、利用者に選ばれることはなく、国も承認しないということだ。したがって、ヘルスケア事業に新規参入する企業はバリューベース・ヘルスケアを前提条件として押さえておく必要がある。

そのうえで、ヘルスケア分野で新規事業を考えるキーワードとなるのが、消費者が自分の健康管理について積極的に関与する「ヘルスケアのコンシューマライゼーション」と、デジタル・テクノロジーを駆使して医療の質、医療現場の生産性、患者の利便性などを向上させる「スマートホスピタル」である。

ヘルスケアのコンシューマライゼーション

「ヘルスケアのコンシューマライゼーション」とは、かつては医療のプロの診断や指導に依存していた消費者が、ヘルスリテラシーの向上に伴い、自身で健康管理や医療サービスに積極的に関与していくということだ。したがって医療提供者は市場全体を見るのではなく、消費者個々人に焦点を当てる必要が出てくる。

消費者は、自ら調べて積極的に改善措置をとるセグメントと、これまで通り体調が悪くなったときに医療機関にかかるだけのセグメントという二極化が進んでいくだろう。これにより、国民皆保険で提供される医療サービスの根本的思想が大きく変わる可能性がある。

たとえば、自動車保険の保険料率は、事故を起こしていない人や運転機会の少ない人は低く、過去に事故を起こした人や事故リスクの高い年齢層の人は高く設定されている。それに対して、日本の国民皆保険制度では、誰もが等しく同じ料金で同じクオリティの医療サービスを受けることができる。これは戦後日本で50〜60年かけて積み上げてきた素晴らしい仕組みだが、経済低迷や高齢化によって医療保険財政は逼迫し、もはや限界に達しつつある。

その解決策の1つとして考えられるのが、国民皆保険で受けられる保険サービスにも、自動車保険と同様の考え方を適用することだ。そうすれば、予防や未病対策をとっていて病気になるリスクが低い人の保険料負担を軽減し、対策をせず不節制な生活を送って生活習慣病になってしまった人などにはより大きな負担を求める、といったやり方が可能になる。コロナ禍をきっかけに加速するパラダイムシフトの1つとして、二極化の動きと既存の医療制度の見直しをセットで捉えていく必要があるのだ。

そして、ここに着目すべき事業機会がある。今後は、意識の高いセグメント向けの予防・未病、食事、栄養、運動、睡眠サポートなどさまざまなサービスが格段に増えていくだろう。そのなかには、一部の医療行為を上回るパフォーマンスが出てくる可能性も高い。実際、アメリカでは、従来通り病院で出された薬を飲んでいる糖尿病患者よりも、一般企業が提供する食事や運動療法も含めたプログラムを利用する患者の方が、血糖値やヘモグロビンＡ１ｃの値が圧倒的に低下したという事例も報告されている。日本でも、個人向けに投資対効果がより高いサービスを提供しようと本気で取り組む企業が出てくると見られる。

今後は生活者やその家族、企業であれば従業員向けも含めて、民間保険が果たす役割がますます大きくなり、保険商品は進化していくだろう。米国や北欧で先進的な取り組みをしている保険会社は、データを蓄積し、何をすればどのようなアウトカムになるか、どうお金を使えば最も投資対効果が高くなるかを探っている。「この年齢ではこのような健康診断の結果のときに何をすべきか」「この病気の治療にはこの薬剤が良い」といった効果に直結する行動を過去の統計データから割り出せるようになれば、医師ではなく第三者のプレイヤーが医療行為やヘルスケアサービスに関する意思決定に影響力を持つことも考えられる。今後5～10年で、バリューベース・ヘルスケアという新しいダイナミクスのなかでコンシューマライゼーションが進み、非連続的な事業機会の爆発が起こるだろう。

医療現場を大きく変えるスマートホスピタル化

ヘルスケア領域で新規事業を立ち上げようとする企業は、個々の患者や家族、生活者を対象にした商品やサービスを考えようとすることが多い。だが、医療提供体制における歪みの解消を支援するという部分にも非常に大きな事業機会が存在する。

そこで、医療提供体制における変化として注目したいのが、デジタル・テクノロジーを活用した「スマートホスピタル化」だ。コロナ禍では、感染症対策の医師不足が問題となった。しかし、仮に医師を1000人増員しようとしても、大学の医学部で学び、その後の研修までで10年かかる。それまでの10年間は、現状の人員を前提にして何とかやりくりしていくしかない。単純な増員ではない解決策として、「スマートホスピタル化」が重要となる。

たとえば、コロナ禍で問い合わせが集中したあるクリニックでは、電話対応にあたるスタッフのやりくりに苦労した。そこで、音声認識やAI技術を活用した電話対応システムを導入した。患者が症状を伝えると、医師の診断が必要かどうかや、近所のドラッグストアではどの市販薬で対応できるかなどを自動音声で案内することにより、省人化を実現した。

医療現場におけるこうした自動化や機械化の動きは、今後さらに進展するだろう。現時点では、医療機関が個別に努力している状況だが、今後は地域でネットワーク化することで、対応可能なクリニックや時間の空いている医師と患者をマッチングすることも可能になる。従来は系列病院内ですらそうしたリソース配分の最適化は行われてこなかったが、デジタル・テクノロジーを活用することで実現できる。

また、これまではＭＲＩ（磁気共鳴画像装置）検査やＣＴ（コンピューター断層撮影装置）検査の画像を読影する放射線科医が圧倒的に不足し、複数の医療機関を掛け持ちしていた。それにより、退院確定診断が１週間に１度しかできず、入院期間が長引き、医療費もかかり、患者のリハビリが遅れるなどの弊害が生じていた。そこで、画像をクラウドにアップロードし、放射線科医は空き時間に手元のデバイスで確認し、診断結果を書き込むという対応に変えた医療機関では、平均入院期間が４日ほど減ったという事例もある。

ところで、このクラウドシステムを発案したのは、大企業やシステムベンダーではなく、ベンチャー企業である。それほど高度な技術でなくても、デジタル化が遅れている現場では、さまざまな課題が改善できる可能性が高く、いろいろなプレイヤーにとってチャンスがある。コロナ禍をきっかけに医療機関に装備されたデジタル機器の古さや、人海戦術でカバーする医療の限界が露呈しており、今後は医療現場におけるデータ活用やデジタル化に対して経済的にバックアップする動きや、企業からの支援事業なども増えてくるだろう。

アウトカムのデータを活用して優位性を構築する

ヘルスケアのコンシューマライゼーションと、スマートホスピタルのいずれに関しても、事業を成功させるうえでカギとなるのが、アウトカムのデータを蓄積し共有することである。アウトカム・データの収集と共有が、バリューベース・ヘルスケアを好循環させるための第一歩だ（図表3）。

海外では、たとえば高血圧患者を年齢、性別、リスクファクターごとにグループに分けて、何種類かの治療薬を1年間服用してもらい、薬剤ごとに血圧がどの程度下がったかを記録し、データベースを構築している。BCGも、疾患ごとのアウトカム指標をグローバルで統一し、医療機関などによる比較を可能にすることを目指し、米ハーバード大学、スウェーデンのカロリンスカ研究所と共同で非営利機関（NPO）のICHOM（International Consortium for Health Outcomes Measurement）を立ち上げた。ICHOMは、主要な疾患に関して、患者にとって極めて重要なアウトカム測定指標の世界標準を定義し、世界的にこれらの指標の導入と報告を促進することで、バリューベース・ヘルスケアの潜在的可能性を実現することをミッションとしている。

日本外科学会でも、特定の手術に関するアウトカム・データを蓄積し、医師の間で共有できる仕組みをつくっており、同じような動きが今後増えてくることが期待され

図表3　バリューベース・ヘルスケアのサイクル

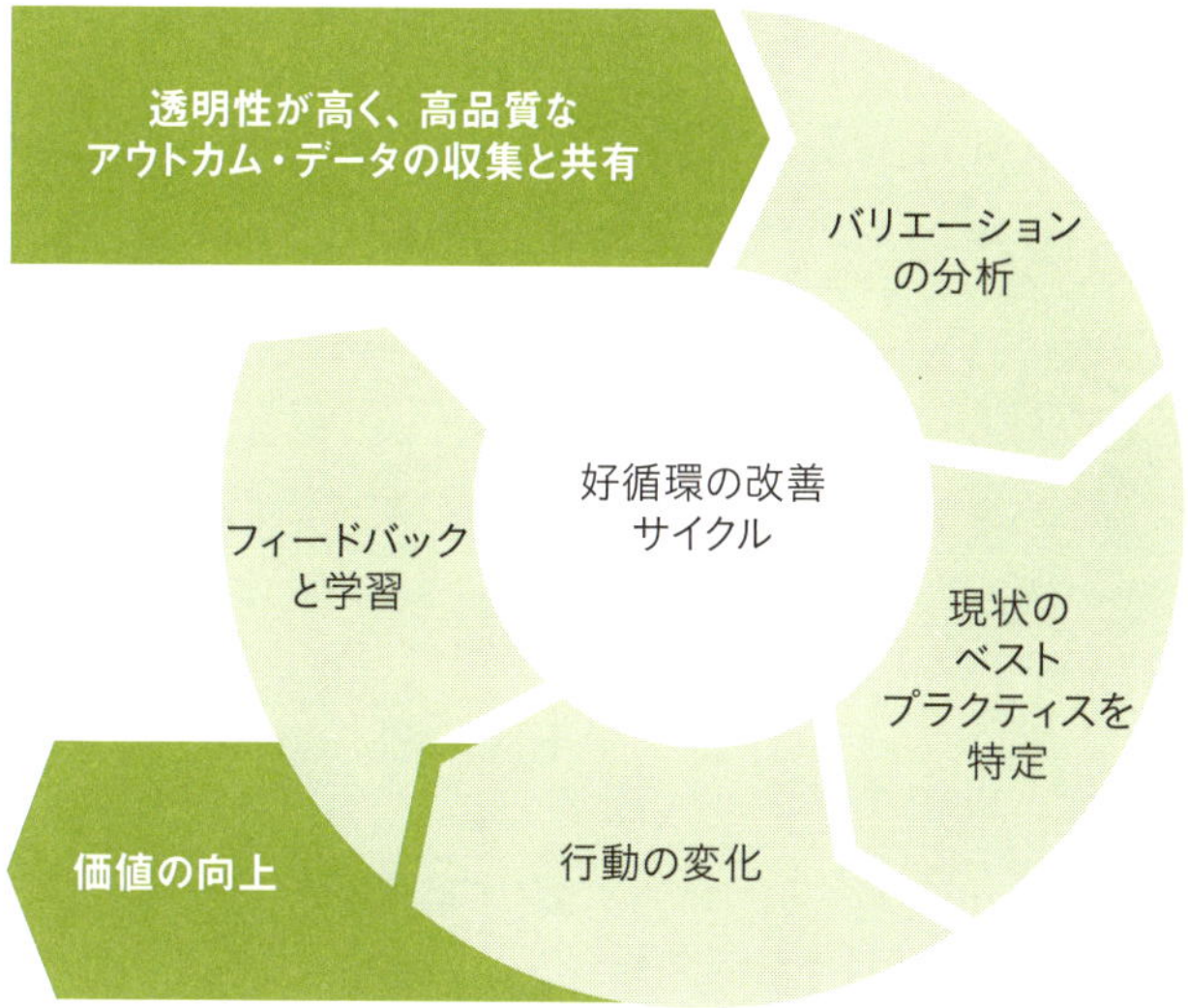

出所：ボストン コンサルティング グループ分析

る。

　ただ、国としてアウトカムやデータの蓄積に対してインセンティブをつけたり、強制力を持たせたりしようとすると、どうしても時間がかかってしまう。この領域で機会を追求していく民間企業が率先してデータを蓄積、分析、公表し、バリューベースのサービスを広げていく方が効果的であり、それが各社の競争優位性にもつながっていくだろう。

経営リーダーに求められるアクション

前提条件を十分に理解し、2つの方向性で検討する

需要面、供給面で大きなパラダイムシフトが急速に起こっているヘルスケアの領域には、間違いなく大きな事業機会が存在する。コンシューマライゼーションとスマートホスピタルという2つの進化の方向性を念頭に置いて、自社の目標や強み、ケイパビリティ（組織能力）なども考慮しながら、自社に適したやり方を考えていくとよいだろう。特に、医療現場を変えるスマートホスピタル化はまだ注目度が低いので、魅力的な事業機会が見つかる可能性がある。

その一方で、良い技術がある、良い製品やサービスができた、というサプライヤーロジックだけで突き進んでいくのは危険である。医療経済性の議論や証明など、バリューベース・ヘルスケアという新しいパラダイムを十分に理解したうえで検討していただきたい。

フェアウェイとOBゾーンを明確にする

『BCGが読む経営の論点2021』でも触れたが、医療やヘルスケアの世界は人々

の健康や命に直結するので、自社がどこまで責任を持ってやるのか、安全な航路であるフェアウェイと、禁止区域であるＯＢゾーンを経営者が明確に決めることが非常に重要である。そこが明確になっていないと、自分たちでよかれと思った試みが、世の中のスタンダードやコンプライアンスなどの観点で問題となることもある。

たとえば、検査事業を立ち上げて、「あなたには将来このような健康リスクがある」という診断結果を出し、その受け止め方やその後の判断は顧客に任せようと考えたとしよう。性格診断テストなどであればそれでも問題はないかもしれないが、医療のプロフェッショナルからするとそのような情報を提供することに違和感を持つかもしれない。

いくら目の前に新しい事業機会があったとしても、踏むべきブレーキを踏まずに、ひとたび問題が起これば、一発アウトとなる。当然ではあるが、薬ではなくサプリメントの開発などでも法的基準は遵守しなくてはならない。違反が明らかになれば、会社のレピュテーションにも深刻な影響が及ぶ。担当者任せにするのではなく、トップとして慎重に見極めなくてはならない。

従業員とその家族の健康を守る

生活者のヘルスケアに対する意識の高まりは、ヘルスケア関連での事業や収益化の機会につながるが、視点を変えれば自社の従業員も生活者であり、その意識が変化しているという面も忘れてはならない。

たとえば、ワクチンの職域接種の対応や副反応が出た際に活用できる休暇制度などの扱いをめぐって、企業のスタンスや従業員に対する考え方が明確になったと感じた人は多いのではないだろうか。トップマネジメント層がコミットメントをしているか、担当者レベルで任せきりにしているかによっても、意思決定できる範囲が異なり、実行面のスピードに大きな差がついたのも事実である。経営リーダーが従業員とその家族を守るアクションをとるかどうかは、これまでも多くの企業が行っていた福利厚生や健康経営といったプラスアルファの要素ではない。今後の人材の採用や維持、事業のパフォーマンスにも影響が及ぶ基本的なテーマである。

これまでは、エンプロイ・バリュー・プロポジション（EVP：従業員価値提案）を考える際に、会社のパーパス（存在意義）や事業の目的、なぜ自分たちはこの仕事をしているのか、といったことが中心的なテーマとなっていた。しかし今後は、従業員とその家族の心身の健康維持をどのように考えているかということも、ますます問われるようになるだろう。5年後、10年後には、従業員の健康を守ることは当然の前提条件となり、そうした意識が希薄な企業は人材確保に苦労し、事業が立ちゆかなくなる状況に陥る可能性さえあると筆者は考えている。その意味でも、経営トップが基本的な経営努力として取り組むべき課題であることを強調しておきたい。

今回のコロナ禍を「パンデミックは大変だったが、1、2年で落ち着きを取り戻すだろう」と、受け流してしまうのは危険だ。経営リーダーは医療やヘルスケアをめぐる大前提が根底から変わってきたことを認識して、さまざまな経営上の意思決定をしていく必要があるだろう。

プライベート・エクイティ

事業構造変革におけるＰＥファンドの活用・役割

Chapter.

11

Introduction 11

プライベート・エクイティ（PE）ファンドというと、資本の論理のもと、経営に対して主としてコスト低減・オペレーションの改善を通じた厳しい収益改善策を求め、将来への投資に向けた利益を絞り取るイメージがあるかもしれない。しかし、PEファンドは実際にはそれほど短期志向ではない。持続的な事業運営やバリューアップに貢献し、事業構造の改革を進めたい企業にはさまざまな観点で好ましいパートナーとなりうる存在である。本章では、PEファンドの役割や提供価値について解説し、そのエッセンスを企業がいかに活用できるかを考察する。

Author

加来一郎 Kaku, Ichiro

BCGマネージング・ディレクター＆シニア・パートナー

慶應義塾大学経済学部卒業。住友商事、外資系コンサルティングファーム、PEファンドを経て現在に至る。BCGプリンシパル・インベスター＆プライベート・エクイティ・プラクティスのアジア・パシフィック地区リーダー、コーポレートファイナンス＆ストラテジー・プラクティスなどのコアメンバー。2020年には経済産業省 事業再編研究会の委員を務めた。

共著書に『プライベート・エクイティ投資の実践』（中央経済社）、『BCGが読む経営の論点2021』（日本経済新聞出版）ほか。

リソース配分最適化の打開策となるＰＥファンド

技術やビジネスモデル、イノベーションに秀でた企業をグローバルな視点で挙げていくとしたら、おそらく上位に名前が挙がる日本企業はほんのひと握りだろう。その理由の1つは、技術力やポテンシャルはあっても、多くの企業で資金や人材などのリソースを十分に成長領域にシフトできなかったことにある。不採算事業やレガシー事業にリソースがとどまり、問題が生じれば火消しに回されるため、将来に向けた有効活用がなされてこなかった。その結果が現時点の日本のグローバル競争力に如実に表れている。

事業構造を変革する必要性を感じていても、内部の人間だけではなかなか思い切ったリソース配分の転換はできないものだ。その打開策の1つが、プライベート・エクイティ（ＰＥ）ファンドの活用である。

ＰＥファンドには、大きなリターンを目的としてスタートアップ企業に投資を行うベンチャーキャピタル（ＶＣ）、事業会社が自己資金でファンドを組成して主に未上場企業に出資や支援を行うコーポレートベンチャーキャピタル（ＣＶＣ）、スタートアップ企業の拡大を支えるグロースキャピタルなどがある。このうち、本章では狭義のＰＥ

ファンドとしてバイアウトファンドを前提に、また主として中堅規模以上の上場企業によるPEファンドの活用に絞って話を進めていく（なお、事業承継における現株主やオーナーによるPE活用も考えられるが、ここでは割愛する）。

バイアウトファンドは、成熟期の企業に資金・人材・ノウハウなどのリソースを供給し、企業価値を高めた後で、最終的に保有株式を売却して、リターンを獲得することを目的とする。これまでの章でも取り上げてきたが、企業が経営環境の変化のなかで競争優位性を確保して持続的な成長を実現するためには、事業売却を含めた事業ポートフォリオの組み替えを行い、リソースを再配分する必要があることが多い。企業の視点で考えると、その受け手として機能し、事業を売却する企業が注力領域に経営資源を振り向けるための資金を供給するとともに、切り出された事業にも価値をもたらす可能性があるのがPEファンドであるといえる。

PEファンドの活用状況

2020年3月、グローバルに展開するPEファンド、カーライルは大企業の事業売却などの受け皿となる2580億円の資金調達を実施した。同年末に国内系PEファンドのポラリス・キャピタルが1500億円を調達したことも話題を呼んだ。

一方、2021年4月には、日立製作所が子会社の日立金属をファンド連合に売却することが発表された。今後も事業構造改革のなかで、企業が子会社や事業部門を切り出すカーブアウトが増えていくと見込まれるが、そうした際にファンドを活用する手法は一般的になりつつあるようだ。

とはいえ欧米に比べて、日本企業はまだPEファンドを十分に活用しきれていない。それは各種データからもはっきりと見てとれる。たとえば、図表1は、PEファンド全体、およびバイアウトファンドの投資総額を各国のGDPと比較したものだ。日本ではこの数値が1％以下と、欧米各国より著しく低い。

ただし、海外と比べて、日本市場で活動するPEファンドのプレイヤー数が極端に少ないわけではない。ブラックストーン、KKR、カーライル、CVC、ベインキャピタルなど海外の巨大ファンドは日本市場にすでに参入済みだ。2021年初めには北欧最大のPEファンドであるEQTも東京事務所を開設し、日本での活動をスタートさせた。日系ではポラリス以外にも、日本産業パートナーズ（JIP）、ユニゾン・キャピタルなどのプレイヤーが存在する。大小さまざまなファンドが多数活動する欧米の方が裾野は広いのは事実だが、それが日本でファンドの活用が進まない主な理由ではない。では、何が障壁となっているのだろうか。

図表1　：プライベートエクイティ（PE）・ファンドによる投資額の対GDP比

PEファンドによる投資額の対GDP比（%）

	2015年	2016年	2017年	2018年	2019年	2020年
アメリカ	1.8	2.1	1.9	1.8	1.8	1.9
イギリス	4.1	1.9	4.5	3.4	2.6	3.1
ドイツ	1.2	0.6	1.0	0.6	0.9	1.3
フランス	1.2	1.0	1.3	1.3	1.0	2.2
日本	0.1	0.1	0.5	0.4	0.3	0.3

うちバイアウトファンドによる投資額の対GDP比（%）

	2015年	2016年	2017年	2018年	2019年	2020年
アメリカ	1.4	1.7	1.5	1.4	1.5	1.3
イギリス	3.0	1.4	3.8	2.8	1.8	1.7
ドイツ	1.1	0.3	0.8	0.4	0.8	1.1
フランス	1.1	0.9	1.0	1.0	0.8	1.3
日本	0.1	0.0	0.5	0.4	0.1	0.2

注：アドオン(追加投資）を含む。PEファンドによる投資には、バイアウト、グロース投資、上場株への投資、マネジメントバイアウト、マイノリティ投資を含む
出所：PitchBook、ボストン コンサルティング グループ分析

PEファンドが十分に活用されない理由

要因の1つとして、ファンドの活用以前に、そもそも経営層のなかで持続的な成長の実現に向けた経営資源の最適な配分について十分に議論されていないことが挙げられる。日本では一般に、事業ポートフォリオの見直しに不断に取り組む姿勢、ひいては将来の競争優位性を構築するために自社としてどの領域に資源を振り向けていくべきか、またそれには量と質の面でどの程度の資源が必要かについての議論が不十分な企業が多い。こうした状況ではいくらファンド側から事業や株式の売却や資本関係を伴う協業を提案されても、そもそも企業や経営陣にその意思や準備がないため、物事はそう簡単には動かない。

最近でこそ、資本市場の期待を考慮した経営、つまりリソースを適切に配分し、ポートフォリオの組み替え（＝売却など）により効率性を向上させ、より高いリターンを生み出す経営を目指して、構造改革に乗り出す企業が少しずつ増えてきたが、非中核事業や不採算事業の整理や撤退に関する議論にまで踏み込めない企業は依然として多い。言い換えると、株主からのプレッシャーが弱く、もしくは株主からのメッセージを正しく理解できておらず、資本市場の期待を意識した経営ができていない。いざ構造改革を進めることが決まっても、過去のしがらみなどにより、具体策を詰めるところまでいきつけない場合もある。

構造改革を前進させるためには、何をしたいのか／するべきなのかを明確にすることが先決だ。実際にどのような構造改革をするのか。そのために、どの事業に注力し、どの事業は売却するのか。自社単独でできるのか。できない場合には、誰と提携するのか。そこで初めて、ファンド活用が1つの選択肢として浮上してくる。その後、ファンド側と十分に話し合ったうえで、自社にとって適切な相手を選定していく。

ところが現状では、経営者がファンドに何を期待すればよいかを十分に理解していないことが多く、そうした対話の量が圧倒的に少ない。後述するファンドの役割や提供価値を把握したうえで、より具体的な対話を重ねながら、ファンドの特徴やタイプを見極めなくてはならない。

PEファンドが果たす役割

ポートフォリオの再編や再構築を進めるなかで事業売却やM&Aを検討している経営チームにとって、PEファンドが「直接的」に役立つ場面は大きく3つある。

事業の売却先として

大手企業が事業売却を考える際には、規模拡大を狙う同業他社や、その領域への参入意思を見せている事業会社への売却を検討することが多い。興味を示してくれるめぼしい企業が見つからないと、ファンドへの売却も考えてみようという流れになる。もちろん当初からPEファンドを第一優先の売却先候補としてラインアップするケースもあるが、PEファンドは消極的な選択肢にすぎないことが多い。

しかし、同業他社や事業会社への売却を考えている場合でも、PEファンドを絡めた方が自社にとって有利な展開にもっていけることもある。カネ余りを背景に強い資金調達力を持つファンドを売却先候補の一角とすることで、売却価格の観点で競争環境が生まれる可能性があるからだ。また、ファンドは事業改善やコスト削減による利益創出の可能性について緻密な分析を行うのみならず、事業の将来への期待を高めるために資源配分の最適化や必要な経営資源の追加投入も行う。同業他社は見込まれるシナジーが大きいほど高値をつける可能性が高まるのに対し、ファンドは経験と自社の施策の効果の試算に基づいてそうしたシナジーを凌駕する値づけをすることもある。

また、これまで競い合ってきた同業他社に事業を売却することに対しては、経営陣や社員が心理的な抵抗感を抱くことも多い。売却される側の当事者としては特に、下克上のような形で下位企業に買収されることは耐えがたいはずだ。それならば、異業種企業やファンドのような第三者の方が売却先として受け入れやすい。

スピーディーに物事を進めるという観点でも、ファンドには優位性がある。というのも、日本企業は総じて検討プロセスに時間がかかる。速やかに再編を進めたいにもかかわらず相手側の動きが遅いことで、意思決定の速いファンドを選ぶケースもある。

共同投資家として

ジョイントベンチャーを組む相手としてファンドを活用する。すなわち対象とする事業の株式の一部をファンドに売却して共同で事業を運営する。ファンドからは事業強化のために企業や事業を追加買収するための資金供給や、必要な経営リソースの投入を受けることで経営を再構築・強化していく。

M&A案件のソーシング先として

企業や事業を買収したくても、必ずしもその企業自体、ないしは事業を相手が売却してくれるかはわからない。相手が売却を検討していなければ交渉すらなかなかできない場合もある。一方で、ファンドが株式を保有している企業（ポートフォリオと呼ばれる）は投資収益を確定させるために将来確実に売却されるので、自社にとっての案件ソーシング先になり得る。仮に現在のファンドのポートフォリオにめぼしい事業がなくとも、自社が興味を持つ領域に投資意向のあるファンドの動向は、実際どのような案件が動いているのかを知るという観点でも見ておくと良い。

PEファンドがもたらす価値

ここでは主としてPEファンドへの事業売却がもたらす価値について考えてみたい。PEファンドへの事業売却は売主にとっては事業を託したうえ、現金化できるというメリットがある。一方、売却された企業／事業側には経営にファンドが直接関与することによる価値提供があるだけではなく、業界全体の構造変革に対してもPEファンドが価値をもたらす可能性がある。

売却された個別企業に対する価値

PEファンドが入ると、売却された企業や共同出資を受けた企業はそれまでとの明らかな違いを実感することになる。たとえば、外部から経営人材を招聘してくることで、全体的なマネジメント・ケイパビリティが高まる。あるいは、経営管理の仕組みが刷新、高度化され事業改善が進む。たとえば、業績や事業ＫＰＩの管理において、データが粒度高くブレークダウンされたうえで可視化される。実績のみならず予測も精度高く行いつつ、データを参照しながら高頻度で議論して経営の軌道修正を図っていける。

さらに、事業の再構築や成長戦略の実行を担う人材が質的に不足していれば、経営陣や実行チームを外部から招聘する。ただ連れてくるだけではなくインセンティブスキームも付与する。なお、内部登用に関してこれまでの人事の制度やしきたりを超えた、適材適所での配置が可能となるのも組織力全体の強化につながる。

ファンドのもたらす価値は、そうした目に見える部分の変化だけにとどまらない。新しい視点の提供やしがらみにとらわれない指摘など、ソフト面の貢献にこそ本質的な価値貢献を期待することができる。

これらソフト面の価値提供は近年のコーポレートガバナンスの強化のなかで社外取締役に期待されることが増えてきているが、ＰＥファンド、かつ特にグローバル・ファンドの場合、多くの国の多様な事業に投資を行い、短期間で事業を改善して価値を高めてきた実績がある。したがって、通常の事業会社よりも、広い視点を持ち、経験知を蓄積しているケースも多くある。

さらに、基本的には外部から新たに来る投資家であることからしがらみが一切ない。過去に経営陣が実施してきた施策や、ヒエラルキーを背景に誰かを慮ったり、「昔はこうだった」という前例を気にしたりせずに、何が最適かをロジカルに考えて提案し、実行へと持ち込むことができる。もちろん、無用な軋轢を生じさせて、ことを前に進められないような「下手な運営」は回避する。経験知を積んだ投資チームとオペレーションチームを有するPEファンドであれば慎重を期して施策を設計・実行するためだ。

優れた経営者は、ファンドがもたらす外部者ゆえの価値があることを理解しているが、一般に多くの経営者は「自社の事業について何も知らない部外者に価値が提供できるはずがない」という見方に陥りやすい。しかし、内部調整で行き詰まっている企業であればあるほど、外部の第三者だからこそ出せる価値は大きくなる。

業界全体にもたらす価値

個別企業にとどまらず、業界全体にもたらす価値も少なくない。まず、業界内の1社とPEファンドとの間で取引が生じ、のちにファンドが価値創出に成功すれば、それは当該業界にとってのある種のブレークスルーになる。それぞれの企業・事業には固有の事情があるだろうが、ファンドが持ち込むさまざまな価値創出の手法論は何らかの参考となるかもしれない。

また、同じような事業を多く買収して市場シェアを拡大し、スケール獲得によって価値を高めるロールアップという手法がある。業界内を見渡すと、似たようなノンコア事業を展開している企業が多い。特定の1社がロールアップしようとしても、競合関係にある同業企業間では互いに牽制し合ったり、主導権争いが繰り広げられたりして、話が進まないことが多い。PEファンドに買い取ってもらう形であれば、スムーズに話がまとまり、各社はノンコア事業に投入していた資金やリソース、売却益を将来のために注力したい領域に回せるようになる。その結果、個々の企業だけでなく、業界全体の再編がスピーディーに進む。このように、ファンドは業界再編においてカタリストの役割を果たせる。

重要な技術などを保有し、存在価値のある企業が経営不振に陥り、同業他社にも救済するゆとりがない場合、何もしなければ、貴重な技術が失われてしまうかもしれない。PEファンドが入って経営再建を支援し、その企業を再生させることで、業界全体が恩恵を得るケースもある。

後継者不足に悩む中小企業の事業継承にも、PEファンドは貢献できる。ひとたび同業他社や事業会社に売却すれば、せっかく育ててきた事業が自分のものではなくなってしまう。しかし、ファンドに売却すれば、オーナーは持ち分を現金化できるうえ、会社が強くなった後で買い戻せるかもしれない。あるいは、一部の株式を持ち続けることで、ファンドと協力しながら上場したり、実質的に経営に関わり続けたりと、選択肢の幅が広がる。高齢のオーナーが経営する企業で、親族など後継者がいる場合でも、一度ファンドを入れて経営強化を図ってもらうことは一考してみる価値がある。

産業の「次の形」を捉えるヒントに

最後に、PEファンドには経営者に産業全体の未来についての新たな視点をもたらすという側面もある。特にグローバルで活動しているPEファンドはその活動を通じて得たネットワークや洞察力により、業界全体の構造的な変化を捉えて、産業の次の形に思考をめぐらせ、新たな姿を思い描いている。PEファンドとしても単に、マネジメントがうまくいっていない企業を買収して、ちょっとした経営管理を導入して売り抜けるアービトラージだけでは十分なリターンが稼げないだろう。

業界に特化したチームおよび経験知を有するファンドであればその業界の次の形についても議論しているであろうし、特定の領域の価値創出に長けたファンドはこれまで価値の源泉であった事業オペレーションの変革を仕掛けにくる。経営者は、PEファンドとの対話を通じてこれらの視点や洞察にアクセスすることで、産業構造の変化を捉えて企業がとるべき変革に向けた戦略的な意思決定のヒントが得られるかもしれない。

ファンド活用に向けたアドバイス

PEファンドをうまく活用することで恩恵を得られる一方で、過大な期待を抱いてしまうと、肩すかしを食らう危険もある。PEファンドからの買収提案を受ければ、潤沢な資金力を背景にして、新たな成長に向けて設備投資や人材の採用、M&Aなどに新たな資金を注入してくれるのではないかと期待するのも無理もない。しかし、よくよく整理して考える必要がある。

PEファンドは、ごく単純化すると、100億円である企業を買収したら、売上を伸ばす、コストを削減して利益改善を図るなどして、200億円、300億円で売却することを目指す。そのために経営資源を投下する事業や施策の優先順位を決めて、優先度の低いところからリソースを引き揚げて、優先度の高いところにシフトさせることで資源活用の最適化を図る。一方、新しい領域の開拓など新規の取り組みには工数も資金もかかり、いつ成果が出るかも読めない。事業から生み出された資金は新規投資に回すよりも、借入金の返済や配当に充当した方が、PEファンドとしては確定的なリターンが見込みやすい。そのため、ファンドの売り込み資料にM&Aや新領域の挑戦といったバラ色の文言が並べられていたとしても、そこが一番の注力領域ではないことも現実としてはある。

ファンドに任せれば何でもやってくれると誤解しやすいが、事業運営をすべて肩代わりしてくれるわけではない。ファンド側が行うのは戦略・施策の優先順位を決めて、経営管理の体制を整え、必要なリソースを提供するところまでだ。事業のオペレーションそのものは引き続き会社側が自ら行うことを正しく理解しておく必要がある。

また、PEファンドにはそれぞれ投資やポートフォリオのマネジメントの仕方にスタイルや得意・不得意があり、ひとくくりにできるものではない。たとえば、すべてのファンドがグローバルな視点を持っているわけではないので、海外展開を期待している場合には、国内に閉じているファンドやグローバルとの連携がそれほどないファンドは適さないかもしれない。オペレーションやコスト削減に強く、そこに注力しているファンドもあれば、デジタルで価値を創出して事業モデルの転換を図るのが得意なファンドもある。また、ファンドの担当者自身が投資銀行出身か、事業会社出身かによっても、支援スタイルは変わってくることがある。

一緒に事業を立て直していくのであれば、ファンド側の担当者と二人三脚でやっていかなくてはならないので、人柄や相性も含めてファンドを選定する視点も必要となる。どのファンドにどのような価値が提供できるのかは、提案資料の文言だけでは判断できないので、実際に対話を重ねながら、相手の得意領域や詳しい分野を見極めた方がよい。

ファンドに学ぶ経営のエッセンス

ここまでファンドを利用するという観点で論じてきたが、必ずしもすべての企業にファンドを活用する機会があるわけではない。しかしファンドのやり方は、どの企業においても経営改善に役立つ可能性がある。細かな方法論を真似する必要はないが、ファンド流経営のエッセンスを取り込むことで、経営の高度化を図ることができる。

投資家の視点を意識する

ファンドは投資家であり、リターンを出さなければならない。そのため、常に投資家の視点で支援するので、経営にシャープさがもたらされる。コーポレートガバナンスやスチュワードシップ・コードなどについての議論では、資本市場との対話を促進せよとよく言われるが、その意味するところはＩＲ（インベスター・リレーションシップ）を改善せよということではない。資本市場の参加者は、どのような観点で経営を強化してほしいのか。投資家は何を重視しているのか。対話を通じて彼らのニーズを捉え、それに応えられる経営を行うことを求めている。ファンドのように投資家の視点を経営に取り入れることは非常に重要である。

適切な経営管理を行う

ファンドに学ぶべきは、ギリギリと必要以上に厳しいＫＰＩ経営を強いることでも、データを羅列することでもない。最終的な利益やキャッシュフローの数値を見ることに加えて、戦略を実現に導くための施策とその結果指標を適切に経営管理していくことである。力の強い事業部に引きずられるのではなく、コーポレート機能がガバナンスを利かせて、規律のとれた経営管理を行う必要がある。

外を見る

日本企業は横並びだとよく言われるが、グローバルの競合他社を見たり、他の事業から学んだりすることは意外に十分にできていない。外部から最適な経営人材を連れてくることも含めて、社外に目を向け、いかに自社の事業を伸ばせるかという視点を持った方がよい。

スピーディーに判断する

外部から資金調達しているファンドには満期があり、一定期間内に投資先を探索し、バリューアップを行い、エグジットをしなくてはならない。そのため、常に時間軸を意識しながら物事を進め、意思決定のスピードも速くなる。慎重に議論を重ねて意思決定が遅くなりがちな企業にとって、ファンドのスピード感は参考になる。

長期的な視点を持つ

ファンドは数年後に売却する前提で事業の価値向上を図るが、売却時点がゴールではない。その後も10年、20年と事業を継続できる状態でなければ、売却によって期待するリターンは得られない。そこでファンドが行うのは、長期の時間軸であるべき姿を想定し、そこから逆算して、今、何をすべきかを考えて経営をすることだ。したがって、短期的な利益を出すためだけの経営にはならない。

目的を明確にして徹底的にやり抜く

最近、なぜ自社が社会に必要とされ、存在しているのか、なぜそこで働くかを示すパーパス（存在意義）が問われるようになっている。経営陣は企業のパーパスを明確に定義し、それを達成するために、どのような企業活動をするのかを考える必要性に迫られている。

ファンドの究極的な目的は、少ないリソースをいかに最適に配分して最大のリターンを上げるかにある。目的は利益だが、そのために、投資先の将来性をあらゆる角度から検証し、どうすればこの企業の価値が拡大するかを考え、細かくブレークダウンして行動に落とし込み、徹底的に実行する。そのくらい目的を明確にして、あらゆる手段を使って達成する精神は、パーパス経営の実践においても参考にできる。

ボストン コンサルティング グループ（BCG）
Boston Consulting Group

ボストン コンサルティング グループ（BCG）は、ビジネスや社会のリーダーとともに戦略課題の解決や成長機会の実現に取り組んでいる。1963年に戦略コンサルティングのパイオニアとして創設され、今日では、クライアントとの緊密な協働を通じてすべてのステークホルダーに利益をもたらすことをめざす変革アプローチにより、組織力の向上、持続的な競争優位性構築、社会への貢献を後押ししている。
グローバルで多様性に富むチームが、産業や経営トピックに関する深い専門知識と、現状を問い直し企業変革を促進するためのさまざまな洞察を基にクライアントを支援している。最先端のマネジメントコンサルティング、テクノロジーとデザイン、デジタルベンチャーなどの機能によりソリューションを提供する。
日本では、1966年に世界第2の拠点として東京に、2003年に名古屋、2020年には大阪、京都にオフィスを設立。
https://www.bcg.com/ja-jp/default.aspx

BCGが読む経営の論点2022

2021年11月29日　1版1刷

編者　ボストン コンサルティング グループ

発行者　村上広樹

発行　日経BP

発売　日経BPマーケティング
〒105-8308
東京都港区虎ノ門4-3-12
https://www.nikkeibp.co.jp/books/

編集　赤木裕介

ブックデザイン　新井大輔
中島里夏（装幀新井）

本文DTP　朝日メディアインターナショナル

印刷・製本　シナノ印刷

ISBN978-4-296-00047-0
Printed in Japan